「超」怖い話

ひとり

久田樹生

竹書房文庫

まえがき

これをお読みになっているあなた。
あなたは最近〈ひとり〉になったことがありますか？
私はあります。
例えば、夕暮れ、妖怪が出没するという崖で。
例えば、雨の日、あるとき限定で小さな女の子が現れるという空き地で。
例えば、早朝、自ら命を絶った女性が駆け回るビルで。
例えば、真夜中、人が殺されたという現場で。
ただ、意外とひとりのときの方が、周りが賑やかであることに気付きます。
様々な音や匂い、風、地面の感触、そして様々な気配。
そんなとき、じっと虚空を見つめ、考えてしまいます。

――本当に、ここに、ひとりなのだろうか？

本当の意味でひとりになれる場所なんて、この世にはないのかもしれません。
私はそう思います。

さて、これから始まるのは実話怪談『「超」怖い話　ひとり』です。
今、近くにどなたかいらっしゃいますか？
それともおひとりですか？
すでに日が落ちた時間でしょうか？
できうるなら、深夜、人がいない、誰にも邪魔されないところをお選び下さい。
もちろんネットや電話も遮断し、照明を明々と点けたところで、をお奨めします。
目が悪くなってもいけないですし、変な着信やメールが入ったりしても困ります故。
それでも何かございますれば、是非私めにお聞かせいただければ。
さあ、〈ひとり〉、ゆっくりと飲み込むようにお読み下さい。

著者

目次

かしこまり

濱野さんの母親が見聞きした話である。


その母親がまだ高校生だった時代、近所に拝み屋がいた。

初老の男性で、いつもスーツ姿だった。

山伏の修行をしていただの、どこかのお寺で小僧をしていただのと、元々どういう経歴の持ち主か定かではない話を耳にしたことがある。

その拝み屋は失せ物探しや、簡単な祈祷《きとう》を行う。

意外と腕がよかったのか、客はそれなりにあった。


親戚がその拝み屋へ行くというので、母親は物見遊山《ものみゆさん》で付いていったことがある。

着いてみれば普通の家でモダンな感じすらあった。

中へ入るとお香が漂う和室へ通される。

正面の高いところに神棚が設《しつら》えてあった。

床の間に仏像や神像らしきものたちや他細々としたものが並べられている。

神棚を後ろにし、拝み屋が座った。

親族が相談する。

聞き取った後、拝み屋は立ち上がり、背中をこちらに向け手を合わせたようだ。

すると声が聞こえた。


——かしこまりぃー。


女性の声だった。

人形劇で聞くような可愛く芝居かがったものだ。

隣の部屋に誰かいて声を出しているのかと思ったが、よく分からない。

少なくともどこか見えるところにスピーカーがあったり、他の部屋から聞こえたりするような感じはなかった。

母親の個人的な感覚だと、真っ正面、神棚の辺りから声がしたような気がしたという。

「これで大丈夫じゃけぇ。あとは神さんにお任せよ」

親戚は謝礼を差し出し、拝み屋を辞した。

帰り道、興味津々で訊ねた。

「あのかしこまりーって、なん？」

「神さんのお返事じゃけぇ。あれが出ると、祈祷も成功するんよー」

ふうんと頷いてみたものの、何かトリックがあるのではないかと思ったことは否めない。


それから少し後、他の親族が例の拝み屋へ行くという。

母親はまた付いていった。

拝み屋は母親を覚えていたらしく、和やかな態度だ。

前と同じく神棚へ手を合わせる。

が、〈かしこまりぃー〉が聞こえない。

親族が小さな声で耳打ちする。

「やっぱり少し難しい話じゃけぇね。神さんでも無理なんかもね」

そのとき、苦悶の声が聞こえた。男の声だ。

目をやれば、拝み屋が頭を抱え、しゃがみ込んでいる。

うろたえていると神棚から何かが落ちた。

木の御札だ。

それが立て続けにぽろ、ぽろ、と落ちる。全部で三枚だった。
誰かが触ったり、何か仕掛けを動かしたような雰囲気はない。
呆然としている中、拝み屋がこちらも見ず、声を上げた。
「もう、去《い》んでくれ。金も要らんけぇ！」
強い口調に、親族と母親はすぐ外へ出た。
親族はこんなことを見たのは初めてだと、怯えた顔を浮かべていた。

それから半年ほど経て、拝み屋は亡くなった。
発見したのは祈祷を受けに来た常連客であった。
約束の時間通り訪ね、玄関から呼んでも出てこないので不審に思ったらしい。
悪いと思いながらも家内へ入ったら、神棚の部屋で事切れていた。
何故か拝み屋の周りに像や仏具、御札が綺麗に並べられていたようだ。
死因は他殺や自殺ではなく、心不全であった。
常連客曰く。
「あんなに恐ろしゅう顔浮かべて、人は死ぬるんやね。今も夢に見るほどよ」

拝み屋が他界したのは、美空ひばりの訃報が届いた数日後。
昭和が終わった年だった。

バレンタイン・デイ

バレンタイン・デイが来る度、玉山さんはいろいろなことを思い出す。
その日、彼に決まってあることが起こっていたからだ。
二月十四日——バレンタイン・デイの夜、下腹が張るのである。
個人的な感覚で言えば〈内側で風船がふくらんでいくような〉ものであるらしい。
痛みはないが、手で触ると硬い。
ふくらむのはほんの僅かな時間で、始まったかと思えばすぐにしぼんでいく。
始まるときは前兆というのか、少し尿意に似たものが下から上がってくるのだ。
視線を下げればすぐに分かるほど下腹が飛び出ている。
異様な光景であった。
しかしお腹がへこめば何もなくなるので、トイレに行くことはない。
よく分からないこの現象は中学一年の頃から始まったと記憶している。
次第にそれがバレンタイン・デイの夜だと分かったのは高校を卒業した年だった。印象的な日にちだったから、意識しやすかったのだろう。
親に訴えたこともあるが、医者へ行っても異常はなしであった。
そもそも親に見せたくても日にち以外確定していない。
時間も大ざっぱに夜であったし、ふくらむのも短時間であった。
加えて、親の前では何も起こらない。
自室などへ引っ込んだときに異変は始まる。
そのせいで、直に確認して貰うことは叶わなかった。

そして月日は流れた。
玉山さんは社会人になり、数年が過ぎていた。
その年のバレンタイン・デイも腹がふくらんだ。
彼女の目の前で、だった。
自分以外の人の前では初めてのことだ。
彼女はいったい何事が起こったのはよく分からないようだ。
(ああ、説明をしていなかった)
改めて事情を話したが、彼女は何か引っかかりがあるような表情になる。

翌日から少しずつ疎遠《そえん》になり、自然消滅した。

翌年のバレンタイン・デイは、新しい彼女ができていた。
今回は事前に説明をしていた。
信じられない馬鹿馬鹿しい話だがと前置きしたが、割と真剣に聞いてくれた。
今回も前回と同じく目の前で腹がふくれる。
そのとき彼女はさっと動いた。
彼の下腹を平手で打ったのである。
硬くふくらんだ風船を叩いたような音がして、すぐ腹が引っ込む。
どうしてそんなことをしたのか。
説明を聞いていたからと、彼女は苦笑いを浮かべて答えた。
だが、半年を待たずこの相手とも別れてしまった。
きっかけは些細な喧嘩だった。

翌年から腹は膨らまなくなった。
そしてその年、ある縁で中学一年の時の同級生とつきあい始めた。

再会したとき玉山さんはその人のことを一切覚えていなかったという。

卒業アルバムなどを見て、高校の頃まで同じ学校に通っていたことを知ったほどだ。とはいえ、相手の女性は地味だとか目立たなかったような人物ではない。

どうして自分が彼女のことを記憶していなかったのか、分からなかった。


三年付き合い、その人と結婚した。

翌年のバレンタイン・デイ、妻の原因で子を成せないことが分かった。

夫婦二人で生きていこうと決め、一晩泣き明かした。

そして、またその翌年のバレンタイン・デイ少し前。

妻の子宮に癌《ガン》が見つかった。

若いせいか進行が速く、あっという間に手の施しようがなくなってしまう。

できることは全部した。

それでも、病は進んでいく。

そして、妻は帰らぬ人になった。

癌が発覚してから一年と少し、奇しくもバレンタイン・デイであった。

〈あの状態からここまでよく持ったものだ〉

事情を知る人たちは、口を揃えて言った。

死の少し前、妻がぽつりと漏らした言葉がある。

――今年、チョコレートは何がいい？

もう作ることも叶わぬ身体で、そんなことを心配していた。

妻の死後、玉山さんの腹がまた膨らむようになった。

前と同じく、バレンタイン・デイの夜だ。

その日、妻のいない寝室で彼は想像する。

俺もきっと何か腹の病気で死ぬのだろう、と。

妻が待つところへ行けるのなら、今から死ぬのが少し楽しみだ、そう彼は思っている。

同じ

能条さんは念押しする。
自分が見聞きしたことだけをお話しします、と。

彼が住んでいた地域に、岡崎という家があった。
父親、長男、次男。あとは母親という家族構成である。
この家、男性たちの顔が異様なほどそっくりだった。
童顔で、どこか薄い造作をしていて、色が白い。
息子たちが成長すると体格も似通ってしまい、更に酷似していく。
三人とも背丈は低く、痩せているのだ。
知らない人が見たら三人兄弟かと思うほどである。
それなりに見慣れている能条さんですら遠くからだと一瞬で判断できない。
唯一の見分けるポイントが服装だったのだが、それもときには当てにならなかった。
例えば喪服など着ていれば、一瞬父親か兄か、それとも弟か判断に悩む。

それほど似ていた。

あるとき、この岡崎家の父親が病死した。
咽頭《いんとう》癌だった。
男性に多い癌だが、死亡率はそこまで高くないものだ。
その後、一年ほど過ぎて長男も病に倒れ、帰らぬ人となった。
原因は癌。父親と同じ咽頭癌だった。
残されたのは弟と母親であったが、そこにもうひとり家族が加わることになった。
弟の妻である。
結婚後、すぐに子供ができ、予定日より少し後に産まれた。
男の子だった。
父親である弟にそっくりの顔で、見に行った者全員が驚いたことは言うまでもない。
それから七年後、また子供が増えた。
今度もまた男の子で、やはり父親そっくりだった。
能条さんはこの岡崎家の弟と同級生だった。

割合仲良く、社会に出てからも付き合いは続いていた。
あるとき用事があって岡崎家を訪ねた。
話をしている最中、彼がポツリとこんなことを漏らす。
自分の子供たちは、自分と兄と完全に同じ年の差だ、と。
確かにそうなのだが、何が言いたいのか分からない。
こちらの反応を見たのか、近々飲みに行こうと誘ってきた。
何か、話したいことがあるようだった。

日を改めて能条さんは岡崎弟と居酒屋へ出かけた。
個室を取っていたので、じっくり話すことができた。
軽く酔いが回り始めた頃だろうか。
実はと、岡崎弟が途切れ途切れに話し始める。
自分の家は、少しおかしい。そんな始まりだった。
岡崎家の出自であるが、いまいちよく分からない。
本家だとか分家だとか無関係であり、由緒正しい家柄ではないらしい。

明治辺りに東北から転々と関東方面へ移動してきた家であることは判明している。ただし、その理由は誰も知らない。

また、口伝えでこのような話もあった。

東北にいた頃から岡崎の家は必ず男子を二人もうける。

それも最初の子から七年後に次男が生まれる。

全員、父親にそっくりだ。

そして父親と兄が喉が原因で、死ぬ。

末子が残り、また同じく二人子供をもうけ、それから死亡する。

だから、他に家が増えることもない。

これを延々と繰り返している。


だから僕の父も兄も、喉で死んだ、そんな風に岡崎弟は言う。

そして彼はスマートフォンを取り出し、画像を複数見せてくれた。

モノクロとカラーが混ざっている。

写真をスキャナーを使い取り込んだと教えてくれるが、それ以前に目を疑ってしまった。

モノクロの三人の男たち、カラーの三人の男たち。

全員とても似た顔をしていた。

大げさに言えば、違うのは服装と髪型くらいだ。

岡崎弟曰く、モノクロは祖父の兄弟とその父親。カラーは父親の兄弟とその父親――祖父たちであると言う。

ほら、凄いだろう、似ているだろうと言う割に岡崎弟は無味乾燥な口調である。

合成や画像処理ではないかと思うが、実際に岡崎の家を知っているからそうだと断言できない。それどころか、さっきの話が本当である証拠にしか感じられなかった。

どうもね、と岡崎弟は続けた。


うちの祖先は、沢山の人を〈くびり殺して来た〉。

だからその因果で、僕らは喉の病気なんかで死んでいくんだ。

延々とそっくりな顔の子供を二人作って、そして死んでいくんだ。

繰り返し同じ事をさせられているんだ。

僕の息子たち、見たろう？　そっくりだろう？　まるで僕と兄貴と、父みたいだろう？

だから僕も、きっと、喉で死ぬんだ……。

酔いが手伝った与太話かと思ったが、相手の顔は紅潮するどころか、白くなっている。

聞き返せる雰囲気は全くなく、ただ気まずかった。

誰かに言いたかった。君なら聞いてくれると思った――岡崎弟は話をそこで終わらせ、他の話題に変えていった。

それが逆にとても厭だった。


能条さんは数年前に仕事の都合で地元を離れた。

岡崎の弟とは、それが原因で疎遠になった。

最近、地元にいる親たちに聞いてみたことがある。

「岡崎は、どう？」

岡崎弟は存命であった。

その息子たちは日に日に父親の生き写しになっている、らしい。

今のところ、平穏無事のようだ。

彼の話した家の因果が本当なのかは分からない。

そもそもどうして岡崎の家がそんなことになったのか。

岡崎家が誰を、何を〈くびり殺してきた〉のか。

どうして〈くびり殺して〉来なくてはならなかったのか。

岡崎弟もそこまで詳しくないことが分かっている。ましてや今更聞き返すことでもない。

いや、それ以前に知りたくもないというのが本音だ。

ただ、能条さんにはこの話を喋りながら思い出したことがある。

岡崎家の男たちの死因である〈喉〉についてだ。

その例として幾つか聞いたが、病気もあれば怪我もあった。

そして、自殺や他殺も。

だからかなのか、岡崎弟は最後辺りでこんな吐露《とろ》をしていた。

〈同じ――喉だとしても、僕は、どういう死に方をするのだろう〉

けん玉の球

矢吹さんが住んでいたのは賃貸しマンションである
当然ポストは集合式だ。
ダイアル錠なので、他人が開けられないようになっている。
このポストはある時期、新たに付け替えられた。
新規ポストになる前、実は気になることがあったと彼女が聞かせてくれた。

古いポストもダイアル錠だったが、すでに傷やへこみが多かった。

また、心ない者の仕業か無理矢理こじ開けようとした痕跡や、他の配達物トラブルも少なからずあった。

「早く付け替えるか修理を」

住民の意見は管理会社へ届けられたが、なかなか実現しないのが実状であった。

そんな中である。

矢吹さんが帰宅したとき、自分のポストを開いた。

（何、これ）

ダイレクトメールに混じって、見慣れない物が入っている。

赤い球だった。

一見したところ、それはけん玉の球部分に似ている。大きさもそれに近い。

ただ、穴が三つ開いていた。

正三角形に並んだ様子はまるで目が二つ、口が一つの顔みたいだった。

ご丁寧に、首部分に当たるところには布が接着剤で貼られている。

紺地に白い渦巻き状の柄が全体に入っていた。

球と布の色など以外はどう見ても、てるてる坊主そっくりだ。

布をめくってみるが、中身は何もない。

（しかし、これはどうやったのだろう？）

集合ポストの口はこの球が通るほどのスペースはない。

試してみたが、やはり無理だ。

もしポストに入れるのなら、ダイアル錠を合わせフタを開けなくてはならないだろう。

だとしたら、無断で開けられたことになる。

調べてみたがロック部分に異常はなく、むりやり開けた痕跡はなかった。

誰かのイタズラだろうか。それともやはり郵便物の窃盗《せっとう》目的もあったのだろうか。

余り気持ちの良いものでもないので、けん玉のてるてる坊主をポストの下へ放置した。

それから小一時間ほどしてから再び外出しようとしたときにはすでに球は消えていた。

念のため家族にも訊いてみたが誰ひとり心当たりがないという。

誰かのイタズラか間違いだろうと、そこで心にとめなくなった。


だが、それから一週間ほどしたときか。

「ねぇ、矢吹さん。うちのポストに変なものが」

マンションの同じ階に住む主婦友達数人がこんな話をするようになった。

どれもあの〈けん玉てるてる坊主〉が入っていたらしい。

どうやって入れたのか。誰がやっているのか。

皆で頭を捻るが、答えは分からなかった。

「あ。でも、エントランスは監視カメラがついていたはず」

もし怪しい人間がポストを弄っていれば管理人が動くだろう。

しかし告知も注意喚起の連絡も何もない。

ということは、特に怪しいことがなかったことになる。

それでも気になるとひとりの友達が問い合わせをしたらしいが、そういった事はないと回答されたようだ。
とはいえ、管理する側としてもそういう情報は初めて耳にした。これから更に注意をしておく。何か他に気になることがあったら話して欲しいと協力を頼まれたと聞いた。

更に二週間ほどすぎた。
不思議と球の話はどこからも出なかった。
「イタズラの相手がもう飽きたか、バレるかもしれないって思って止めたんだろう」
決着はそんなものだとみな頷き合った。
――が。
数日後、矢吹さんと主婦友達は見てしまった。
ポストの差し込み口に紺地に白い渦巻きの布が垂れ下がっているのを。
「あ！　あれ！　ああいうの！　球に着いてた！」
二人同時に口にする。
また始まったのだろうか。しかし、こういうパターンで見つけることは初だ。
近づこうとしたとき、するりと布はポストの中へ入り込んだ。

同時にゴトンと何か重いものがポストの底を叩く音が聞こえる。

まるでそれが自ら意思を持って入り込んだようにも感じられる動きだ。

あの球はどうやって差し込み口を通ったのか。

そもそも誰がやったのか。自分たちが来たときには誰の姿もなかったではないか。

気持ちが悪い。

「……ここ、誰の部屋？」

「知らない。いや、空き部屋だったっけ？」

部屋番号は七〇五。

自分たちの部屋より二階上の階層だ。

少なくとも彼女たちが交友関係を持たない部屋番号のポストだった。

一応管理会社へは連絡したが、その後の連絡は何もなかった。

少し経って七〇五号室を何人かで見に行ったことがある。

普通に誰かが住んでいる。変わったことも何もない。

よく分からないが、ひとまず安心していると、一ヶ月待たないうちにその七〇五号室が引っ越しをすると情報が入った。

道理でマンション前に引っ越しトラックがあるはずだ。

しかし、引っ越しの理由を聞いて厭な気持ちになった。

「七〇五のおうち、旦那さんが職場で首を折って、もう動けないみたい」

「首から下の感覚がないって聞いた。マンションだと御世話するにも苦労するからお引っ越しするみたいよ」

「保険とか労災とかでお金だけはあるんだって」

どこからどこまで本当か知らないが、引っ越しの様子を見る限り旦那さんの姿はなかった。見かけたのは子供を抱いた奥さんひとりだったことは確かである。

あの球のことが関係しているのだろうかと、まことしやかに囁《ささや》かれた。

だが、誰にも「そうだ」と確信すべき何かがあるわけではなかった。


それからまた時間が過ぎ、矢吹さんの住む五階に新しい住人がやって来た。

幸せを絵に描いたような三十代の夫婦だった。

仲良くやれるかなと思っていた矢先、その夫婦の奥さんと廊下ですれ違った。

会釈しながらぎょっとする。

彼女の手に、あの赤い球のてるてる坊主があったからだ。

何か言うべきか少し悩む間に相手は自分の部屋へ入った。

（……まあ、アレが何かをするって、決まったことではないし）

たとえポストへおかしな入り方をした所を見たとしても、だ。

黙ってスルーすることに決めた。

しかし、その夜、午後十時半を回った頃だった。

矢吹さんはどうしても階下のコンビニに行く用ができてしまい、外へ出た。

用事を済ませ自分の階へ戻ってきたのが午後十一時少し前だった。

部屋へ向かう通路を歩いていると、向こう側、突き当たりから誰かがこちらの方へやって来るのが目に入る。

あ、と声が出そうになった。

あの球を持ち帰った家の旦那さんだった。

どうしてなのか、向かって左に首が折れ曲がっている。

首を傾げているというより、直角に折れているというべきか。

視線は虚ろで、こちらと目を合わさない。

両手をだらりと横に下げたまま、すーっと滑るように歩いていた。

頭を下げることも忘れ凝視していたが、相手は我関せずといった様子ですれ違う。

そして逆の突き当たりまで行くと今度はくるりと回れ右した。そしてまたこちらにやって来る。どことなく気持ち悪い動きに心臓が早鐘《はやがね》のように鳴った。

逃げるように自分の部屋へ戻ると、夫が訊ねてくる。

「どうした？」

顔色がおかしかったらしい。

訳を話して外を見て貰ったが、もう誰もいなかった。

夫はこれまでのいきさつを知っているので、少し硬い表情になっている。

まさか、あそこの家に何かあるのか、ほら、赤い球のさ、そんな風に夫が苦笑いを浮かべるが、ジョークには聞こえなかった。

翌日、件《くだん》の〈てるてる坊主を持ち帰った〉家の旦那さんと会った。

元気そうな姿で、普通に挨拶を交わした。

昨日のことがなんだったのか、とても訊ける雰囲気ではなかった。


それからきっかり一ヶ月後、あの夫婦にトラブルが起こった。

旦那さんが頭を打ったか、何かにぶつかったかで大怪我をしたようだ。

病院をたらい回しにされ、結果予後が思わしくない状態となった。

そのため、今住んでいるここから遠い場所に入院することになったという。

「視力がもう戻らないらしい」とは奥さんが泣きながら吐露した言葉である。
病院まで遠いし、独りで住むには広いからと彼女が引っ越していったのはポストが新しくなる少し前のことだった。

ポストが新しくなってから、球を見た者はいない。
矢吹さんもそれから間もなくして引っ越した。
夫の転勤に伴ったもので、特に何かがあったからではない。

今も彼女はポストを開けるとき、少しだけ緊張するという。

32

白帷子

冬の夜、瀬口氏が帰宅したときだ。
妻と娘に土産のケーキを渡し、着替えるため寝室へ入った。
その瞬間、彼は腰が抜けそうになった。
暗い部屋の隅に、ぼんやり白い人影が立っていたからだ。
出た！　と声を上げる前、それが白い着物であることが分かった。
触れてみると布地が薄い。白帷子《しろかたびら》、というものだろうか。
照明を点けて見れば、壁にハンガーで掛かっているようだ。
(正体見たり、枯れ尾花、だな)
リビングへ戻り、寝室の帷子のことを話した。
すると妻も娘も顔を見合わせている。
「そんなもの掛けてないし、あそこの壁はフックを取り付けていない」
そもそも白帷子なんて一枚も持ってないと妻も娘も眉をひそめた。
確かに我が家で和装をする人間はいない。

娘も成人するまであと少しだから、振り袖など着物類はもう少し先に準備だ、そう話した記憶がある。

妻と寝室へ戻った。

本当に何もなかった。ハンガーすら、いや、ハンガーを掛けるフックの痕跡すら。

妻は言う。

「何かと見間違えたんじゃないの？」

いや、そんなことはないはずだ。直に触れてもいる。

どういうことなのか今度は二人で顔を見合わせることになった。

ふと頭に浮かぶ。

（白帷子といえば、死に装束だよなぁ）

まさか、何か虫の知らせだろうかとも不安になった。

が――この後、不吉なことは何もなかった。

あったとすれば、別の日に隣の家で白帷子を見たことくらいか。

夜、隣家の前を通りかかったときだ。

そこの車庫にある車の上に白帷子が広げられていた。

フロントボンネットの上、袖が左右にきちんと伸ばされた状態だった。

まさか洗って干しているのだろうか。着物とはこういう干し方をしてもよいのか。おまけに糊や接着剤でぴったり貼り付けられているようにも見える。家に入った後、妻を伴ってもう一度見に行ってみた。すでに白帷子の姿はなくなっていた。ボンネットにも痕跡はなく、妻は「また見間違え」だと鼻で笑った。

それから二ヶ月も待たずに隣の車は買い換えられた。前の車が新車で納車されてから、まだ半年も経たないときである。なんとなく隣人に理由を聞いた。事故でも故障でもなく、新しい車が欲しくなっただけだという話であった。何か隠しているかどうか、その顔から読み取ることは難しかった。

以来、不審な白帷子は見ていない。

承知のこと

内田さんが八歳の頃だ。
何の前触れもなく、母親が一枚の着物を取り出した。
初めて見る振り袖だった。
正月でも桃の節句でもない、まだ寒い二月だったと彼女は記憶している。
衣紋掛けに掛けた様子を見て、まるで飾り付けているみたいだ、と思った。
全体的なデザインは古めかしいが、とても色鮮やかである。
父方の家に代々伝えられてきた物だと母親は言うが、それにしては傷みなどなかった。
（ものすごく、きれいだな。でもどうして今、出したんだろう？）
彼女は母親を振り返った。
その右手には、何故か大きな裁《た》ちばさみが握られている。
左手には小さな手帳があった。
母親は振り袖の前に仁王立ちになる。
そして裁ちばさみを唐突に振りかざし、開いては閉じることを繰り返す。

と同時に、メモを見ながら独特の節回しでこんなことを言い出した。

〈しょうちのことぞー、しょうちのことぞー、たがえば、おんみをたちまするぅー〉

硬い刃が擦れる音がリズミカルに響いていたのが今も印象深い。

これらの所作を何度か繰り返し、母親ははたと動きを止め、はさみを仕舞う。

「あとはこのまま空気を通して、明日戻すのよ」

そういって何事もなかったような顔で家事へ戻っていった。

いったい何をしているのか皆目見当が付かなかった。が、まだ小さな彼女は「きっとこういうことをする必要があったのだろう」と自分を納得させたという。

この振り袖の前での儀式めいた行動は数年続いて、そして突然終わった。

祖母が亡くなった年だった。

松が明けて突然祖母が急死した事と関連づけて覚えていたから間違いはない。


後年、母親に訊ねたことがある。

はさみには何か意味があったのか？　あの口上のような文句は何だったのか？　と。

「あれはお祖母ちゃんからやれと言われて、ずっとやっていたこと」

お祖母ちゃんは、母親にとって義母である。

この家に入った嫁がこれをやらないと〈この振り袖〉は自分の子を祟る――そう、祖母は曾祖母から伝えられていたようなのだ。

更に、子供でも特に女児に障りやすいとも教えられていた。

曾祖母は一度やらなかったことがあるらしいが、その年の夏、長女である娘が死んだ。

祖母にとって姉に当たる人物であった。

ただし、振り袖が祟る理由は曾祖母の代にははっきりしなくなっていた。

そもそもいつの代からやっていたかですら失われていたのである。

「でも、子供が大事ならちゃんとやれってずっと言われてたんだよね」

母親が苦笑する。

意味こそよく分からないが、と前置きして、やり方を詳しく教えてくれた。

初めての子供が九歳になる年から毎年決まった日にあの振り袖を出す。

その日は建国記念日の前日である。

出したら一言一句違わず、裁ちばさみで〈脅しつける〉ように振り袖にあの文句を言い聞かせること、それが大事なのだという。

〈しょうちのことぞー、しょうちのことぞー、たがえば、おんみをたちまするぅー〉

これは、承知のことぞ、違えば、御身を断ちまする、という漢字が当てはめられる。

内田さんはこれをサルカニ合戦の一節に似ていると感じた。

それらを終え、室内で風を通したら翌日すぐに仕舞う。

そしてまた一年、一切外に出さない。

元々これをやる期間は決まっていて、最初の子供が九歳になる年から、その子が十九歳になる年までやらなくてはならない。

(ああ、だから一年に一度しか見た記憶がなかったんだ)

内田さんはそんなことを思い出しながら、ふと訊いてみた。

「でも、何の疑いもなくやってたの?」

「それはやるに決まっているじゃない」

子供を盾に取られたらやるしかない。そんな風に母親は笑った。

もうひとつ疑問があった。

「今はやってないけれど、それって確か私が十九になる前だったよね?」

内田さんが疑問をぶつける。

「うん。あなたが十四歳の時からやってない。理由もあるの」


母親曰く。

祖母が急死し、四十九日も終わらぬ頃だった。

あの〈しょうちのことぞ〉をやらなくてはならない日がやって来た。

箪笥から振り袖を出す。

いつものように包んでいるたとう紙を開くと、何かがおかしい。

振り袖を広げると、バラバラになっている。どうも糸が全て切れてしまったようだ。

勝手にこんなことが起こりえるのだろうか。

首を捻っても、確かに目の前の振り袖は仕立てる前の姿になっている。

そればかりか、袖の部分だけが原形を留めぬほどボロボロになっていた。

まるで酷く風化したようだ。

もし縫《ぬ》い直したとて袖がこのような状態であれば元に戻すことは難しい。

「だからもうやんなくていいかな、って。で、お祖母ちゃんの仏前でこうお願いしたの」

――今年からやりません。もし振り袖が祟るなら、私に回して下さい。

そして振り袖自身はお寺に納め、あとはお任せした。

それから十五年ほど経つ。

今現在、内田さんとその母親に何の不幸も降り懸《か》かっていない。

「きっとお祖母ちゃんが死んだときに終わっていたんじゃないの？　それにそのうちあたは外に嫁ぐんだから、大丈夫でしょ」

とは母親の弁である。

考えてみれば内田さんはひとりっ子で、嫁を取る男子はいない。

が、この体験談を話した後だ。

〈しょうちのことぞー、しょうちのことぞー、たがえば、おんみをたちまするぅー〉が記された当時のメモをたまたま見つけた。

ふと考えた。あの振り袖は今、どうなっているのか。

納めたお寺へ訊ねてみたが、すでに行方が分からなくなっている。

先代の住職はすでに他界していたが、現住職がこんなことを話してくれた。

「先代が言うには、当時祈祷の準備をしていたら振り袖が突然なくなったとか」

数秒目を離した隙に、煙のように姿を消したという。

「あまりに不思議な出来事なので、先代は私に話して聞かせたようです」

本当に振り袖の障《さわ》りは終わったのだろうか。
お寺さんに訊かなければよかったと、内田さんは後悔している。

漬け物石

内園さんの祖父母の家は曰く〈どえらい田舎〉にある。

盆正月に父親の里帰りで訪れることがあったが、彼は戻ってきてから必ず熱を出した。

長距離の移動が子供には辛かったのかもしれない。

高校生になってからはこのようなこともなくなり、安心をしていた。


大学に入った年、彼は初めて祖父母の家に行くことを断った。

遊びやバイトの予定がたくさん入っていたからだ。

「父さんも真面目に帰らなくてもいいんじゃないの？」

父親に提案してみる。

「いや、今回はちょっと込み入った話があるから」

聞けば相続関連で少し長い話し合いをする予定だという。

「まあ大晦日の朝出るから。着くのは夜中だろうが」

渋滞を避け、高速ではない道を使うという。

本来ならもっと早く出発しなくてはならないが、父にはこっちでどうしても避けられない用事があったのだ。

その予定通り、十二月三十一日の早朝、両親だけが自家用車で出掛けていった。


年が明け、二日目であった。

両親から火急の連絡が入った。

祖母が亡くなったのだ。

公共機関を使い、できるだけ祖父母宅近くまで行く。途中で父親にピックアップして貰った。その父の顔は、泣きはらしたのか疲れたのか、酷い状態になっていた。

祖母の死因は転んで頭を打ったことであったらしい。

元日、自家製の漬け物を取りに行った際、物置で転び、倒れた。

そのとき、置かれた漬け物石に頭を強くぶつけたのである。

祖母は立ち上がり、大丈夫だと言っていた。

が、突然意識を失ったのはその日の夕方であった。

喪が明け、日常が戻ってきた頃に内園さんはあるものを目撃した。

祖母らしき姿である。
自宅のソファに座る母親のすぐ横に、僅かな空気の揺らぎを目にした。
目を凝らすと、徐々に人の形になってくる。
(ああ、祖母ちゃんだ)
ぼんやりとした陽炎のような状態であったが、分かった。
手に何かを持っている。丸い小さな枕くらいの物体だ。何だろう。
同時に、駄目だ、とも思った。
これ以上見つめていれば、きっとくっきりとした姿になってしまう。
それを見てはいけない、と感じた。
厭なものだから避けろ、そう身体が拒否をしたのだ。
目を閉じ、ひと呼吸してから瞼《まぶた》を上げた。
揺らぎも何もかも、母親の傍からきれいさっぱり消え失せていた。
ほっと胸をなで下ろしたことは言うまでもない。
しかし、それから数回、母親の近くで似たものを見かけた。
そのたびに視線を外したり、目を閉じたりしてやり過ごした。

翌年、母親が急死した。
風呂場で倒れて、壁に頭をぶつけたことが原因である。
その日、父親は接待、内園さんはバイトであり、発見が遅れたのだ。
連続で二人も喪い、内園家は悲しみが続いた。
そればかりか、祖父に認知症の症状が出始め、施設に預けることになってしまった。
父親の願いで施設は内園さんの自宅から車で三〇分以内のところに決めた。
できるだけ祖父に会いに行けるように、だった。

数年後、母方の祖父母も、父方の祖父も相次いで亡くなった。
内園の家は父親と彼だけになった。
男二人でやったことは、二つの祖父母宅の清掃と形見分け、家屋と土地の売却である。
まず近場の母方から片付け、その後に遠い父方の実家へ手を着けた。
倉庫に足を踏み入れると酷い臭いがする。
考えてみれば、祖父が施設に入ってから誰も何もしていないのだから当たり前だろう。
「あの頃にちゃんとやっておけばよかったな」
父親が言う。

ふと漬け物樽を幾つか見つけた。どれも漬け物石が載せてあった。

何故か全ての石が真っ二つに割れている。

内園さんはあることを思い出した。

施設に入ったばかりの頃、祖父がこんな話を教えてくれたのだ。


——あのよぅ、うちの漬け物石ぞ。あれは人を殺めてきた石ぞ。


祖父が語るには〈内園の家にある漬け物石は、嫁を殺す〉らしい。

元々どこかに転がっていた石を勝手に取ってきて使い出した。

あるときその石で姑が嫁の頭をかち割って殺してしまったことに端を発するという。

いつの時代なのかは教えてくれなかった。

どちらにせよ話に穴がある。

だからそのときは認知症ならではの妄想話だろうと決めつけた。

「だからよぉ、うちのも、漬け物石で殺されたんぞ」

転んで石に頭を打ち付けたことを言っているらしい。

「そういうとらえ方もあるけれど。でもそれはちょっと聞きたくないな」

やんわりたしなめるように答えた。
が、祖父は我関せずといった様子でからから笑った。
「だから、お前の母親も、漬け物石で殺されるんぞ」
話の流れに不自然さがある。辻褄も時系列も明らかではない。
やはり認知症の入った老人の戯れ言でしかないだろう。
だが、どうしたことかとても印象に残った。
だからそのとき父親にも話して聞かせた覚えがある。
しかし一笑に付された。
「俺はそんな話を聞いたことがこれまでない。親父の妄想だろう」
だが、それから後、確かに母親は頭を割って死んだ。
が、それは浴室の壁で、だ。
大理石を模したようなタイルだったが少なくとも漬け物石ではない。
しかし割れた漬け物石たちを目の当たりにすると、若干気持ち悪くなってくる。
なんとも言えない気分になり、漬け物樽ごと石は処理をした。
中身はゴミへ、樽は破壊し焼いた。
石は近くの河原へ放り投げる。すぐに見分けは付かなくなった。

ぼんやり考えてしまった。
(あの幻のような祖母ちゃんが持っていた丸い物、漬け物石じゃなかったよな)
まさか、その石で母親を、だから風呂場で頭を……厭な想像をむりやりかき消した。

あれから時間が過ぎた。
内園さんはそろそろ結婚を考える相手を得た。
一応、自宅では漬け物を漬けないように言おうと考えている。
どういう理由を付けるかは後で考えればよい。
そして、彼女の傍に陽炎のような母親が現れないことを祈っている。

カメラが普及した頃

日本の家庭にカメラが普及したのは、昭和四十年代だろうか。
五十年代になるまえにはカラーフィルムも一般的に使われるようになった。
牧原礼さんの祖父もその頃にカメラを購入した。
彼女が産まれたのがきっかけだ。
孫の写真を撮ることが目的であった。

それから十何年も経った、礼さんが中学生の頃だった。
丁度夏休みが終わるくらいだったか、祖父母がやって来た。
歓迎していると、祖父が浮かない顔をしている。
「この写真、見てくれるか？」
茶封筒から一枚の写真とネガを取り出す。
初老の男性が中心にいるカラースナップ写真だった。
場所は河原だ。石がごろごろしており、背後に大きな川が横たわっている。

男性は日に焼けて、精悍な顔をしていた。

上半身裸で少し猫背気味、腕を後ろに組んで満面の笑顔だった。

ただ、その顔に見覚えがない。

「消えとぉやろ？　変わっているやろ？」

祖父の言葉に、横にいる父母がはっと息を呑んだのが分かった。

どうしてなのか分からない。

「ああ、礼は知らんがったが」

祖母がぽつりと漏らした。祖父、両親の間に不穏な空気が流れる。

少しだけ意を決した顔になった祖父が、少しずつ話してくれた。


この写真の人物は、祖父の従兄弟である。

十年前の夏、お盆の少し前に川へ親戚一同で遊びに行った。

そのときのスナップである。

ただ、上がってきたプリントを見ると、従兄弟がおかしな写り方をしていた。

胸から腹に掛けて、赤い——いや、朱色の手形が二つあったのだ。

ひとつは心臓の上。

もうひとつは腹の辺り。

大きさは大人の掌くらいはあった。褐色の肌の上なのに、かなり目立っている。

もちろん撮影したときにそんな手形はなかったはずだ。

ネガを調べれば、そちらにも手形が確認できた。

あまりに鮮明なので従兄弟へ確認して貰えば、彼は硬い顔を浮かべた。

思わずどうしたのか訊ねれば、こんなことを言う。

〈最近、夢に変なものが繰り返し出て来て、俺の胸と腹を押してくる〉

夢の中で従兄弟はデコボコした地面の上で仰向けになっている。

周りは真っ暗だ。激しい水の流れる音が轟《とどろ》いている。河原だろうかと思う。

そこに男が出てくる。

禿げ上がった赤黒い肌の巨漢で、ランニングシャツに薄汚れたズボン。足下はゲートルを巻いていた。戦後すぐを思わせる姿だった。

頭の方から歩いてきて、自分を跨《また》いでいく。

途中で振り返り、どすんと股間の辺りに腰を下ろす。

そして、ニヤニヤ笑いを浮かべながらぐいぐい身体を両手で押すのだ。

苦しく、止めてくれと叫ぶが聞いてくれない。

胸と腹をじわじわ潰されて、最後息が止まって、そこで目が覚める。

起きても痛みが続くので、従兄弟は不審に思い調べてみたらしい。

〈俺の胸と腹に手形が付いていていた〉

今も残っている、だから、写真を見てゾッとした。

そう白状して、彼は上半身をさらけ出した。

確かに浅黒い肌に赤色の手形がある。

位置も大きさも形も、あの写真そっくりだった。

違うのは色味くらいだろうか。赤黒く、小豆色に近い。

全員が冷や水を被せられたようになった。

従兄弟は〈俺はお祓いをして貰う。そのとき、その写真も処分して貰う〉そういって問題のスナップを手に帰って行った。


数週間して、従兄弟がやって来た。

顔色が悪い。

〈写真の処分、お祓いをして貰ったが、夢が続く。それだけじゃない〉

夢が変わった。

胸と腹を潰されても息は止まらず、苦しみに責め苛まれる。
そのとき、頭に何か言葉が浮かぶ。
写真とお祓いのことを責めるような内容ともうひとつ。
――この手形は片道手形。この手形が消えるとき、お前は終わる。
意味はこんな風であったが、夢の中では四国辺りの方言のように聞こえた。
従兄弟はまた上半身を見せた。
手形は未だ残っている。
ただ、色が白っぽくなっていた。
それは治った怪我の跡のような印象であった。

それからさほど経たず、従兄弟は死んだ。
山仕事の最中に崖から落ち、胸と腹を激しく岩に打ち付けたのだ。
損傷が酷く、皮膚の表面はグズグズになっていたという。

「礼が産まれてから何年かした頃の話ぞ」
だからお前には話さなかった。ただお前の両親は当時、俺の従兄弟が来てこう言う話をしたことも、おかしな写真も見て知っている、と付け加える。

だから表情が曇ったのだと察した。

そこでふと気付く。

「この写真は、話の写真とは違うの？」

手形の痕跡すらないからだ。それに元の写真は祖父の従兄弟が持って行ったはずだった。

祖父母と両親はなんだそんなことかという顔を浮かべる。

「そうぞ。新しくプリントしたんぞ」

従兄弟の葬儀の直後、ふと思い出してネガを調べた。

ネガからも手形は消えていた。

改めてプリントしてもあの朱色の手形は痕跡すらない。

そのとき、祖父らは従兄弟が生前言い残した夢の話〈この手形は片道手形。この手形が消えるとき、お前は終わる〉を思い出した。

気持ち悪くなったが棄てるに棄てられない。

考えてみれば、何故あのときこのネガも従兄弟に渡さなかったのか。写真と共にお寺で何らかの措置をして貰えばよかったのに。

時すでに遅しかもしれないが、神社かお寺にでも納めようと考えた。

その相談をするとき、自分たちの息子である牧原さんの父親にも問題のネガと写真を見せた。これまでを知る父親も祖父母の提案に賛成した。

——が、その晩、祖父の夢枕に従兄弟が立った。

生前と同じ姿で、どうしてなのかきちんと背広を着ている。

〈ネガと写真は持っておいてくれ〉

泣きながら頼まれた。

だから茶封筒に入れて、誰の目にも触れない場所で保管していたのである。


「ちょっと待って」

牧原さんは混乱した。

さっきから消えた消えたと言っているが、どういうことなのか。もう手形はなくなったことが確認できているはずだ。

祖父母と両親はぽつりと漏らした。

「……この写真、最初のあれから他が変わっとんぞ。あれから他にも消えとんぞ」

実は昨日、祖父の夢枕にまた従兄弟が立った。

死んだときの背格好だったが、胴体部分だけが服ごと茶色く朽ちかけている。

従兄弟は泣きながら膝をついて願い事をしてきた。

〈ネガと写真を一度外に出してくれ。出したら棄てずにまた保管してくれ〉

朝、祖母も同じ夢を見ていたことが分かった。これは何事かあると二人で話をし、従兄弟の言うとおり写真を取り出してみる。

二人して目を丸くした。

写っていたはずのものが、綺麗さっぱり消え失せている事が一目で分かったからだ。

祖母が写真を牧原さんに改めて差し出す。

「これ、本当は従兄弟の後ろに親戚が数人写っていたとよ」

写真に目を落とす。

写真にいるのは祖父の従兄弟、たったひとり。他に人物は誰ひとり写っていない。

「そうだったよね。他に何人かいた。本当に、消えてる。変化している」

当時を知る父親が口を挟む。硬い顔だった。

祖父が写真を茶封筒へ戻しながら、苦々しい口調で宣言した。

「気持ち悪いがぁ、やけん、これは、流すとぞ。約束なんぞどうでんよか」

写真を写した川へ流して棄てる、らしい。

その川は、礼さんの家から車で四十分ほど走ったところだった。

こんなものを後生大事に持っているから、従兄弟が出てくるのだ、と祖父は吐き棄てた。

牧原家の糊とホチキスで何度も厳重に封をし、祖父は席を立つ。

祖母と二人、今すぐ川へ行くらしい。

両親が一緒に行こうかと言えば、彼らは首を振った。

着いてくるな。流したら、そのまま去ぬる。もしお前らが来たら、何か累が及ぶかもしれないから。強い口調だった。

その夜、祖母から電話があった。

無事に写真は棄てられたとの報告だった。

ただ、帰宅後に少し厭なことがあった。

祖父が車から降りたところ、何もないところで足をくじいた。それが原因で転び、近くにあった陶器の傘立てで胸を打ったので、連絡が遅くなった。

今は回復し、普通に過ごしているらしい。

ともかくこれでいいのだと祖父は安心したようだった。

写真を流してからきっかり一年後、祖父は自分の庭で亡くなった。

脳溢血《のういっけつ》である。

庭石近くで倒れたせいか、胴体の骨が一部損傷していた。

最近、祖母も鬼籍に入った。

怪我で入院中、肺炎を起こしそのまま息を引き取ったのである。

以前祖母が「遺影にしてくれ」と言っていた写真があった。

観光地で微笑んでいる、とても和やかな物だ。

デジタルカメラで撮影し、プリンターからプリントアウトしたものである。

この言葉を覚えていたので探したが、どこにも見当たらない。

生前の祖母が分かるようにとわざわざ〈遺影用〉と書いた封筒にあったはずだ。

しかし封筒はあっても中身の写真が変わっていた。

祖母がひとり、菜の花畑の中から上半身だけを出しているものだ。

表情は少し硬いが笑っている。

どういうわけか祖母の胸元の菜の花だけ、赤黒く染まっているように見える。

撮影ミスか他のミスか。それとも他に理由があるのか。分からない。

この写真もデジタルカメラで撮ったもので、プリンターから出力している。

とはいえ、これは〈遺影にしてくれ〉と頼まれた写真ではない。

祖母自ら選んだ遺影の所在を知る者はすでにおらず、更に元データも不明となっていた。

だから、どうしようもなかった。

他に相応しい写真がないかと探したが、どれもあまりよくなかった。

仕方なくこの菜の花畑の写真を修正して貰い、遺影とした。


祖父母が従兄弟の写真を棄てた川は、依然としてそこを流れている。

ただし、水難事故や災害対策で護岸工事を行ったので昔の姿から大きく変わった。

あの従兄弟が写っていたままの河原は、今はもうない。

ぐんぐん

多部さんの祖父の話である。


彼女の祖父は、若い頃泳ぎが達者だった。

海のない所に住んでいたからもっぱら川泳ぎであったが、誰にも負けなかったという。

人よりも深く潜れ、早く川を渡りきり、長々泳ぎ続ける技量が備わっていたのだ。

遊びだけではなく川の魚や川エビなどの漁では、誰よりも沢山獲った。

ただ、祖父は言う。

〈沼などの流れがない水は、どういうことか気持ちが悪くて泳ぎづらい〉

〈水の動きがなく淀んでいるからなのか、臭いからなのか、とにかく（身体に）合わない〉

〈（沼の）どろりと濁った水の中を潜っていくと、夜中の水中のようで上下が分からなくなることがある。光の方向で分かるはずなのに〉

ともかく沼でだけは泳ぐまいと決めていたようだ。

そんな祖父であったが、一度だけこんなことがあった。
青年期、用事で出かけたときだ。
近道である沼の近くを抜けることになった。
沼と言っても半分は人の手で掘ったものであり、僅かに人工的である。
通り抜けるとき、風もないのに沼の水面が波立った。
いつもは鏡のように平坦なのに、珍しいこともある物だと首を傾げた。
元々沼は苦手だ。なんとなしに恐ろしくなり、さっさと走り去った。
用事を済ませたが、すでに夕暮れの時分である。
帰りにまた沼を通るのは厭で、少し遠回りをした。
川沿いに出て、そのまま下流へ向けて歩けば自宅方向だ。
途中、堤防になっているところを上れば更に近い。
残照を受けながら、家路を急いだ。
ところが、何故か足が上手く動かない。
特に川側の右足が自由にならなかった。
まっすぐ歩いているつもりが、いつの間にか土手側へ引っ張られる。
おかしいなと足下へ視線を落とした。

ズックの靴紐に、細引きの長い縄が結わえ付けてある。

縄は黒くなり始めた川へ続いており、瀬の中に繋がっている。

もちろん自分でやった記憶はない。どういうことか。

唖然と見つめていると、縄がぐんぐんと引っ張られた。

危うく足を取られそうになる。

慌ててしゃがみ込み、靴紐から縄を解こうとする。

だが、いわゆる固結び的になっており、なかなか解けなかった。

右足はずるずると川へ向かって引き摺られる。

力尽くで引っ張り返すが、びくともしない。

どうしてなのか分からないが、このまま川へ入ったら死ぬような気がした。

いくら泳ぎが上手くとも、そんなことを無関係にしてしまう〈何か〉を皮膚で感じたのかもしれない。

最後の手段で靴を脱いだ。

靴はあっという間に川へ引きずり込まれると、一瞬で呑まれていった。

〈川沿いはまずい〉

慌てて引きかえした。

右足の裏が痛いが、そんなことは言っていられない。自宅へと急ぐ。
最短距離である沼の方へ抜けた。
水面から目をそらしながら小走りに進む。
ところが、誰かに名を呼ばれた。聞き覚えのある、男の声だった。
沼側からだ。分かっていても、振り返ってしまう。
沼の真ん中が泡立っていた。
ああ、糞、見るな、見てはいけない。見たら、今度こそ〈命を取られる〉。
本能で理解してしまった。
祖父は全力で駆けだした。絶対に振り返らず、また、沼の方を向かないようにして。
家に着いた頃、靴を履いていないほうの足が血塗れになっていた。
それだけではなく、その足の親指と中指、小指の爪が剥がれてなくなっている。
裸足だったとはいえ、どこかでつまづいたり、ひっかけたような記憶はなかった。
祖父は語る。
〈沼の声は、一番の友達の声だった〉
ただし、その友達はつい先日荼毘に付されたはずだった。

〈そいつは、きっと寂しくて、俺を道連れにしたかったんだろう〉
友達は、華奢で、少し病弱だった。
自由自在に泳ぐ祖父をいつも川辺から眺めていた。
両極端な人間同士だったが、とても仲がよかったのだ。
〈どうして俺におかしなことを仕掛けてくるのか〉
俺らの友情はそんなものだったのか。
今となっては恐ろしいより、悲しいと祖父は言う。
悔しそうな顔だったのが、多部さんにとって印象深かった。

実はこの話を聞いたとき、祖父に訊ねたことがある。
友達は病気で亡くなったのか、と。
祖父は首を振った。
なら、不慮の事故などなのかと続けたら、少し不機嫌な声で答えられた。
〈もういいだろう。答えないぞ〉
質問はそこまでだった。
だが、それが最大の答えでもあったような気がする。

祖父が冥土へ旅立って三年。
彼の友人の死因は、永遠に訊けなくなってしまった。

しとめ

大迫さんの祖父母は和歌山県に住む。

幼い頃近くに住んでいたので、彼は父親に連れられよく遊びに行ったものだ。

が、中学生になった辺りで関東圏に引っ越してからはかなり足が遠のいていた。


そんな彼が大学時代、自動車免許を取った。

安い中古車も買ったので、ふと和歌山の祖父母宅を訪ねてみようと思いついた。

夏期休暇を利用してのロングドライブだった。

途中、関西に住む同じく大学生の従兄弟を拾う。

二人揃って祖父母の家に着いたのは、出発から二日後の夕方だった。

久しぶりに会う祖父母は小さくなったように思えた。

お土産を渡し、祖父と酒を酌み交わす。

孫たちと呑めるなんてなぁとうれし涙を流していた。年を重ねたことで涙もろくなっているのだと祖母は笑っていた。

その晩、客間に蚊帳《かや》を吊ることになった。

当然真夏だ。エアコンを点けるので閉めきってはいるが、建家が古いせいで隙間が多く蚊が入り込んでしまうのだ。

四点留めの蚊帳は結構大きなものでまだ新しく感じる。去年買い直したものだった。

客間の柱や梁《はり》につけられた金具を使い張っていく。

（ああ、子供の頃のテント張りみたいだ）

ある種の感動があった。加えて、従兄弟と枕を並べて寝るのも懐かしい。

会話していたが酔いも手伝い、いつしか眠りに落ちる。

が、思いがけなく目が覚めてしまった。

蚊の羽音らしきものが近くで延々と飛び回っている。

豆球——常夜灯の下、途切れない羽音に横を見れば従兄弟も目覚めていた。

「おい」

「おう。蚊やな。ややな」

電灯を点けるため、立ち上がり蚊帳の外へ出る。

明るくなった中、蚊帳を吊る紐が一部外れているのが目に入った。

布団から見て丁度左側の足下である。
「これで蚊が入って来たンやな」
付け方が悪かったのだろうか。張り直し、いったん蚊帳へ戻る。
ところが蚊を探してもどこにもいない。
いつの間にか、音も止んでいた。
明かりを消して寝直してみるが、また音が聞こえ出す。
ところが今度は蚊の羽音とは少し違っていた。
延々と続く高周波で耳障りな雑音、だろうか。
例えるなら、大きな鐘を叩いたあとの残響音に近い。
電灯を点けると消えた。となれば電気関係のノイズではなさそうだ。
仕方がなくなり、頑張って眠った。
眠りは浅かったが、なんとか朝まで起きることはなかった。

朝、蚊のような変な音が聞こえて眠れない、と祖父母に訴えた。
電子蚊取り線香と蚊帳だけでは流石に完璧じゃないのだろう。それに蚊帳の一ヶ所が外れていたのなら、それは蚊も入ってくるはずだと祖父母は笑った。

「あと変な音は鳴く虫のせいじゃないか」

祖父が庭を指さした。夏の虫は夜鳴く。部屋の明かりが消えたら激しさも増すだろう。逆に中から光が漏れれば虫も鳴き止むものだと説明された。

納得し、今晩はもう少し早めに蚊取り線香をつけておくことになった。

ところがまた昨日のように蚊が出る。

それも吊り紐の一角が外れていたところさえ一緒だ。場所も足下左側で変わらない。更にあの〈残響音〉のようなものへ変化するのも同じだった。

寝る前、あれだけ確認していたから、理由は思い浮かばない。

従兄弟と顔を見合わせた。

外の虫だろうと結論づけて、また我慢して寝た。

翌日、また同じことがあったよと話せば、祖父母は首を傾げる。

「もしかしたら虫とか蚊やないんちゃうか？　なんや電気関係の振動、とか？」

蚊帳を吊る金具の付け替えや蚊取り線香の入れ替え、エアコンの清掃など明るいうちに全て終わらせた。

昼間試してみたが、問題はない。これで安眠できるとみな安心した。

が、祖父母宅に三泊目の夜にも再び羽音が始まった。

目を開け、仰向けのまま耳を澄ませる。どう聞いても蚊としか思えなかった。

もう起きるのも面倒くさかった。

黙って目を閉じていると、音が変化する。

あの鐘の残響音に似たものになった。

しかし今日は少しだけ違って聞こえるところもあった。三回目だからだろうか。

僅かな抑揚を感じた。一定ではなく、何か節回しのような。

ああ、またやん、そう従兄弟が声を上げる。目を覚ましたようだ。

音が変なことになってないか？　そう問えば彼もそう聞こえると同意する。

二人して布団の上に起き上がる。上を見れば蚊帳は普通に張られていた。

「原因は、何やろなぁ？」

「さあ？　何や分からんなぁ」

そんなことを小声で話し合っていると、丁度足下側、隣の部屋との仕切りになっている襖《ふすま》辺りに何か動くものが見えた。

暗がりよりもっと黒いそれは、三歳児くらいの大きさに感じた。

目を凝らす。

三段重ねの鏡餅のようなシルエットに見えた。

その黒い鏡餅はすーっと左側へ動く。

なんとなくだが、とぐろを巻いた黒蛇のようにも思えた。

ほぼ同時に吊り紐が音もなく取れ、蚊帳がたわむ。

足下左側の、あの二度外れていた場所だった。

驚き、従兄弟を振り返った――が、彼はいつの間にか仰向けになっていた。寝息らしき物も聞こえる。眠りに就いているようだった。

揺り起こすと、何か不満げな声を上げた。

「何？　眠いんやけど？」

「いや、ほら。ちょっと変な音が」

「……今日はしとらんやろ。せっかく眠っていたのに」

話が通じない。さっき起きて会話したと反論するが、彼はずっと眠っていたと言い張る。

では、さっき話した相手は誰だったのか？

はっと黒い鏡餅のことを思い出す。

いいからあそこを見ろと〈黒い鏡餅〉があった場所を指した。ところがすでに何もない。

あるとすればただ蚊帳が外れているだけだった。

「また外れとんな」

従兄弟からはただそれだけだった。

知らぬうちに音も止んでおり、これ以上は何も言えなくなってしまった。

しかし、どちらにせよ何かがおかしいとしか思えない。

翌朝、大迫さんは四泊目をせずに帰ることを決めた。

全て包み隠さず祖父母と従兄弟に話してみたが、どうにも取り合って貰えない。

祖父母は笑顔だ。

蚊帳が外れるのは何か不良品だから。黒い鏡餅のようなものは気のせいだったのだろう、この家に長く住むがそんなおかしなことはないと噛んで含めるように説明された。

「お酒、少し呑み過ぎたんやろかなぁ？」

祖母が困った顔をするが、そこまで深酒はしていない。

従兄弟に至っては昨夜は眠っているところを起こされた。そもそも異音など全くなかったと不機嫌に言う。「そんなことでビビるんか。ガキか」と馬鹿にしている節もあった。

どうにもしゃくに障る。

「なら今日も同じ部屋、同じ蚊帳で寝てやる」

そう断言して、四日目も泊まることに決まった。

その夜――また羽音が聞こえた。

従兄弟に話しかければ、そうだなと返事があった。

顔を見れば、目が開いている。今回は酒を呑んでいない。見間違いではないはずだ。

音の変化や他の異変を待つうち、急に尿意を感じた。

音は変わらない。

我慢できずトイレに行くが、今度は出ない。しかし尿意はある。気持ちが悪い。

廊下をうろうろしてみたが、小便がしたい感覚だけがいつまでも残っている。

次第に脂汗が流れてきた。水を沢山飲めば小便が出るだろうか。

音のことも忘れ、台所へ行った、はずだった。

気がつくと、自分の車の運転席にいる。

シートを倒し、仰向けになっていた。

自分以外誰もいない。ひとりだ。

外はまだ暗い。確認すればドアはロックされていた。鍵はきちんとハンドル脇、キーの差し込みに突き刺さっている。

(おれ、しょうべん、でなくて、そこから)

ぼんやりとした頭で思い出そうとする。途中からここまでの記憶が飛んでいた。

唐突に車が揺れた。

強風に煽られたときのように、左右交互にぐらぐらと大きく。

すぐ右横から呼ぶ声が聞こえた。

飛び上がりながら振り返れば、運転席窓に張り付くように人がいる。

白髪を肩まで伸ばしているが、男女の別は分からない。

老人は「おいおい、おいおい」、しゃがれた声でそう繰り返しながら車を押していた。

揺れの原因はこれかとすぐに理解できる。

相手はどことなく認知症の気があるように見える。

とはいえ、このシチュエーションでは腰が引けてしまう。窓もドアも開けたくない。相手にするのも厭だった。

老人は両手で窓を押しながら、おいおいと呼び続けた。

答えず、視線を合わせないよう顔を背ける。

車体の揺れが止んだ。おいおいの声も止まる。

少し静かにした後、老人は小さな声で何かを漏らした。

しどめ。或いは、しとめ、と聞こえた。

少なくともそれに近いような響きの言葉だった。

思わずそちらを向けば、老人がすーっと身を引くところだ。

それはそのまま暗闇に消えていった。

すぐに出れば老人がそこにいるのではないか。出会わないよう少し間を置いてから車を降りた。

家の中へ戻れば、今度は従兄弟がいない。

蚊帳はいつものところが一部分だけ外れている。

どういうことか。トイレか。行くが誰も入っていない。祖父母の寝室以外の部屋を確かめてみたがどこにも姿がなかった。

途中、携帯で何度かメールや電話を掛けたが返答はなかった。


朝が来た。

従兄弟は帰ってこない。祖父母を起こし、事情を説明した。

手分けして、家の中と周辺をもう一度探すことにする。

念のためと従兄弟の携帯へ電話を掛ける最中、祖母が青い顔で駆け込んできた。

従兄弟は、祖父母宅の納屋で首を吊っていた。

遺書がなかったので、警察からの〈確認〉はかなり長い時間かかることになった。

祖父母は孫が死んだ家をすぐに引き払った。

思い出すからこそ、ここにはもう住めなかったのだろう。

その後、大阪郊外に居を構えてすぐ、二人とも亡くなった。

従兄弟の家は親同士が離婚し、一家離散のようになってしまった。離婚の理由は分からないが、あまり人に聞かせられないものがあったようだ。

それらの出来事の合間、大迫さんはあの中古車で横転し、大怪我を負った。

九死に一生を得たが、以来運転はしていない。


あれから十年、大迫さんは今もあの老人のことを鮮明に思い出せる。

外は真っ暗なのに、何故かシワまで見て取れた、男女が分からないあの顔。

車を押し、横揺れさせながら、おいおいと言い続けたあのシーン。

そして〈しどめ〉或いは〈しとめ〉このように囁くあの声が、忘れられない。

と、同時に、納屋にぶら下がっていた従兄弟の姿も。

老人が一体何者であったのか。従兄弟が死んだのはどうしてなのか。

あれから長い時間が過ぎたが、彼には答えが出せないままである。

一本杉

これは、笹本さんのお祖母さんが見聞きしたことである。
お祖母さんは山村出身だった。
彼女がまだ小学生の頃、近所の中年男性がこんなことを言い出した。
〈○○山の一本杉。その根元に宝が埋まっている〉
戦国の時代、さる武将が隠し財宝をこの地に隠したという噂があった。
それはただの不確かな伝承でしかない。
ところがその男性はそれを信じ切っていた。
〈家の神さんに毎日拝んでいたら、夢を見た。夢で場所が分かった〉
彼は家にある石を〈先祖伝来の神さん〉と呼んで、拝んでいた。
その霊験で宝の場所が分かったというのだ。
誰も本気にしなかった。
行かないのなら宝は全て自分のものだと、彼はひとり山へ入っていった。

だが、その人は翌日になっても戻ってこなかった。
山で迷ったり、何か怪我をしたのではないかと村のみんなで探したがどこにもいない。
当然、件の〈○○山の一本杉〉も調べた。
根元を掘った跡がある。
近くにクワとロープが残されていたから、ここに来ていたのは確実だった。
更に捜索は続いた。
そして男の痕跡が見つかった。
彼が履いていたズックが片方と、着ていたシャツの一部だった。
どういうことかどちらとも一本杉のかなり高い場所に引っかかっていた。
登ると折れそうな枝で、見つけたものの誰もそこに行けない。
仕方なく途中までよじ登り、長い棒でたたき落とした。
調べるとズックの中で血が固まっている。
剥がれた爪が数枚残されていた。
シャツも縦半分に裂かれており、血液らしきものが付着している。
警察へ届けたが、男の消息はようとして知れず、どうしようもなかった。

それから数年後、男は村へ戻ってきた。
どういう訳か以前より若々しく見えるが、どこか呆けている。
加えて身体に大きな傷があり、足の指を数本失っていた。
いったいどうしたのだと訊ねるが、答えはとらえどころがなく、意味をなさない。
あの財宝のことを訊くと、彼はたいそう怯えた。
また、○○山の一本杉の方角へは絶対に足を向けなかったという。
男は数年の間を村で過ごした後、急に姿をくらました。
家にあったはずの〈先祖伝来の神さん〉はなくなっていた。
以来、男の姿を見た者はいない。

これは、戦後十年の間にあったことである。

なのかやま

朝、池内君は父親に駅まで送って貰った。

「帰りは夕方五時くらいやけん、この駅にまたよろしく」

「分かった、俺は山で山野草を取ってくるけん。それまでには間に合うだろ」

そう約束をして別れた。


ところが時間通りに駅に着いても父親はいない。

二十分ほど待ったがやって来なかった。

携帯もつながらない。自宅の母親へ連絡してみたが意味はなかった。

ひとりで帰るかと思ったとき、ようやく父親の車がロータリーに入ってくる。

「すまんすまん。遅れたけんが」

理由を言わない。

疲れ切った顔であったが、それよりも驚いたのは無精髭《ひげ》が伸びきっていたことだ。

数日間放置したような様子がある。

それにどうしてこんなに疲労感を漂わせているのだろうか。

車に乗り込み、気遣いながら訊ねれば、父親はぽつりぽつりと語り始めた。

――駅から目的の山まで高速を使えば一時間半程度と予想していた。

ガソリンは前日に満タンにしていたから、時間のロスもない。

スムーズに山へ入ったはよいが、その後が大変だった――。


「何が大変だったの？」

「厭だ。言いたくない」

訳が分からない。しつこく食い下がっても口を割らない。

それどころか、抑えた声でこんな言葉を吐いた。

「聞けば、耳の膜が破《やぶ》くるぞ」

大げさな脅し文句だ。しかし目が笑っていない。もう二の句が継げなかった。

無言でガソリンメーターを覗く。

あと少しで切れる寸前に見えた。

この車はハイブリッドのエコカーで、満タンからなら何百キロも走行可能だ。

（一日中走り回っていたんじゃないだろうか）

山野草を採りに行ったと嘘を吐いているのではないか。

まさか家族に内緒の怪しい行動を取っているのだろうか。

疑いが大きくなるが確認はできない。分からないまま家に着く。

車のトランクも開けずに、父親は玄関へ向かった。

明るい場所で父親の顔をもう一度まじまじと見た。

言葉を失いかけた。

無精髭どころか、髪の毛に白いものが急に増えている。

自然と視線を向けた両手は、どうしてなのか爪がかなり伸びていた。

元々父親はいつも深爪気味にするのが癖だった。

昨日だって、爪切りで切りそろえていたはずだ。山野草を採取するとき、爪の間に土が入ってもすぐ落とせるように、と言っていた記憶がある。

たった一日でここまでいろいろ変わるものか。

いくら考えても、何も想像できなかった。


それから三ヶ月経たないうちに、父親は倒れ、意識不明のまま死んだ。

ただ、息を引き取る直前、大きく息を吐き出したかと思うとカッと目を見開いた。
そして、絞り出すように言葉を発した。

〈なのかやま〉

それだけ言い切ると、また大きく息を吐き、そのまま眠るように息を引き取った。
何かに安心したのか、表情は穏やかだった。

最後の言葉、〈なのかやま〉の意味は分からない。
長野県に七日山という地名を見つけたが、かなり遠い場所だ。
父親も自分を含めた家族も足を運んだことはない。
そしてあの「聞けば、耳の膜が破くるぞ」の意味も不明である。
一体、あのとき父親に何があったのか。
今も何ひとつ、分からない。

のたまり

西川さんが三十代前半の時だった。
彼はとある地方に転勤になった。
名目は〈販売網拡大のため、新規出張所開設〉である。
役職は出張所所長になる。
ただし、ひとりだけしかいないのであまり意味がない物だった。
家族は妻ひとりだけだ。子供がいないから身軽で、そこを買われたのだろう。
期間は営業が軌道に乗るであろう三年をめどに、と言われていた。
その後本社へ戻れば、それなりの便宜を図るという話もあった。
住居兼営業所代わりの一軒家も用意されている。
本社曰く〈地元の人に相談して良いところを準備して貰った〉らしい。
営業所としての立地や建家は悪くないという触れ込みだったので、不安はなかった。

引っ越し当日、妻とふたりで自家用車で現地に移動する。

窓口になっている人物と役場駐車場で待ち合わせた。

日に焼けた人の良さそうな中年男性がいた。

家へ案内するから軽トラックの後を付いてこいと言うので追いかける。

到着した瞬間、我が目を疑った。

住む場所としての立地が最悪だったからだ。

通り側は垣根になっているが、隙間が多く外から屋内が覗けた。

垣根の一部が切られ、出入り口になっているがその幅が狭い。車一台がやっと通れそうな程しかなかった。

おまけにその片側に大きな石というか岩のような物がある。おかげで車両が入るのを極端に邪魔をしていた。

すぐ裏には竹藪が迫っており、まるで家を飲み込むような印象を受けた。

そもそも竹は家の近くに植えるなという話もある。地下に広がった根からいつ床を突き破ってくるか分からないからだ。

他、家の左右は朽ちかけた高めの土塀で遮《さえぎ》られている。

周囲は空き地だらけなのに、この竹藪と垣根、土塀で庭は狭かった。

太陽は差し込んできているが、どことなく家全体が薄暗く感じられる。

どんより空気が淀んですら見えた。

「辛気くさいところ」

妻の感想だった。案内人がまだいるのでたしなめたが、確かに気が滅入ってくるような場所だと彼自身も感じていた。

家屋そのものがまだ新しかったことだけが救いだと自分を慰める。

案内してくれた人に礼を言い、別れた後周囲を見て回った。

家は周辺の住宅から離れ、離れ小島さながらにぽつんと隔絶している。

最初から厭気がさしてしまった。

しかし仕事は仕事である。

気分を入れ替えて、営業地盤作りに力を入れることを決めた。

幸い、土地の住民も取引先の会社もみな人当たりが良かった。

何か困ったことはないか、都会から田舎に来たら大変だろうと気を遣ってくれる。

自宅の近くは竹藪だと言えば、夏が来る前にある程度手入れをした方がいいと手伝ってくれもした。根を切らないといけないからとシャベル持参でやって来た人もいたほどだ。

また、自分の所で採れた野菜を持ってくる小母さんや、猪肉や鹿肉を分けてくれる猟師もいる。近所の釣り好きは川魚を捕ったからと食べさせてくれた。

誰もがたいそう気前がよかった。

「思ったよりよいところ。人情に厚い」

妻の気分も上向いてきた。

一番近いところに住む中年女性と少し仲良くなったとも聞く。

ただし、家だけはどうしても気に入らないようだった。

子供を作るのはここの任期が終わってからにしようと妻が言う。

それに同意したのは言うまでもなかった。


そして、赴任から一年経つ少し前だっただろうか。

妻が体調を崩した。

吐き下しが酷く、ときに高熱を出す。

ここの病院では原因が分からず、離れた大学病院へ連れて行った。がそれでも原因不明。

周囲の人たちが心配してくれるが、どうしようもない。

西川さん自身も頭皮を始めとした皮膚に異常が起こり始めた。

かゆみはないのだが、皮膚表面が荒れる。

クリームなどを塗ったが、今度は傷痕が汁気を含みだした。

そこからはニカワに似た悪臭が漂う。

見た目が悪く、また、ワイシャツなどを汚してしまう。当然営業に支障をきたした。

皮膚科へかかるが、こちらも原因が分からない。

清潔にして、ベビーパウダーなどを使ってくれと言われたくらいだ。気休めに塗り薬も処方されたが、効き目がなかった。

(妻も自分もシックハウス症候群や、土地の何かに対するアレルギーではないか?)

一度、自宅から一時間以上離れたところにウィークリーマンションを借りてみた。

効果はてきめんで、二週間もしたら夫婦二人体調が回復していく。

契約の一ヶ月を過ぎ、家に戻ったらまた症状が始まった。

「どうにかできないの?」

妻が追い詰められたような顔で訴える。

今住んでいる営業所兼住宅を変更してくれ、と降格覚悟で本社へ掛け合った。

どういうことか本社勤務へ戻されることが決定した。

ペナルティもなく、スムーズに事が進んだのでいささか拍子抜けだったのは否めない。

四月一日からということで、残りの日々を再びウィークリーマンションで過ごした。

後輩社員の夫婦と入れ替わるようにこの地を去ったのだが、その最後、近隣に挨拶をするとみな別れを惜しんでくれる。

　感動したのは言うまでもない。

（家の問題さえなければ、とてもよいところだったんだがなぁ）

　西川さんは残念に思った。


　――だが、この後輩はすぐに音を上げた。

　自分たちとそっくりの体調不良もだが、それだけではなかった。

「西川先輩、よくここに住めていましたね」

　戻ってきた彼が訴える。

　話を聞けば、どうも〈出る〉らしかった。

　後輩もその妻も、家の入り口にある岩近くでよく転ぶ。

　転ぶ理由は足を何かに捕まれたような感覚があるから、だった。

　また、天井裏辺りから聞こえる〈明らかな人のうなり声〉を耳にしていた。

　そして、鏡に映る人間の形をした物なども見ていた。

　それだけではなく、裏手の竹林に立ち尽くす〈腐ったぞうきんそっくりの表面をした人間大の何か〉も目撃したという。

そのとき何か分からない臭気が漂ったとも聞く。
後輩も本社へ直談判すると、さほど労せず配置換えがあった。
ただ、次行く者を選ぶのに難航したようだ。
すでに噂は社内に蔓延しており、行きたがる物好きはいなかった。
だから三組目はほとんど強制的な〈辞令〉で、そこへ行かされた。
が、半年でギブアップだった。
そこまでしてようやく会社はこの家を出張所にすることを断念したのである。
代わりに新たな貸事務所を契約した。
西川さんの借りたウィークリーマンションの傍だった。
更に近隣のアパートを借りて、そこを新たな社宅扱いにした。
これで何の問題もなくなり、営業は軌道に乗った、と思われた。

――が。二年を待たず出張所はこの土地から撤退した。
表向きの理由は〈予測より売り上げを見込めないエリアだったから〉。
この頃、本社も経営に翳《かげ》りが見え始めていた。
それから間もなくして依願退職者を募りだす。

西川さんを始めとして、見切りの早い社員は率先してそれに乗った。

理由は簡単で、この会社にいても先がないから、であった。

ある程度会社で資格を取っていたお陰で、次の会社もすぐ決まった。


退職から五年ほど経ち、西川さんはあの家に住んだ後輩たちと話をする機会を得た。

旧交を温めながら、当時のことを訊ねてみる。

後輩たちは「あそこは本当に出た、凄かった」と真顔だ。

直に聞くと、彼らの勘違いではないことがひしひしと伝わってくる。

そこを知っているからこそ、リアルだった。

「どうして西川先輩は見なかったのか」後輩から逆に訊かれる。

それこそ理由は分からない。

そこから後輩たちの話題が変わっていく。

「あの辺りの住民が性格悪くて、虐められました」

出したゴミを往来にばらまき、人目に付くよう並べる。何かと嘲笑する。家の前に糞尿を撒かれる。いちいち〈この土地の人じゃないから〉と付けて、厭味を言う。

村八分的なイジメもあり、とにかく陰湿だった。

住むだけで多大なストレスであったが、そこに加えて体調不良と〈出る騒ぎ〉でかなりの地獄だったと彼らは苦笑する。

そんなことはない。

西川さんはとてもよくして貰った、そう教えるのだが後輩たちは一様に首を振る。

酷かったですよ、そう言い切った。

確かに地方の、それも人口が少ない地区は排他的である。

他所から入ってきた人間を何かと余所《よそ》者扱いする。行きすぎれば、排除することもある。

しかし、少なくとも西川さんにそんな覚えはない。

後輩が続けた。

「それに僕と妻にたまたま会うと、面と向かって罵るんです」

罵倒する言葉は酷いもので、とても書けないような内容だ。

その中に、後輩には分からないものがあった。

〈のたまり〉である。

これにはバリエーションがあって、〈のたまりぼ〉〈のたまりづ〉〈のたまりぞ〉など語尾が変化する。

意味不明だが、声のトーンや表情からどれも蔑むような雰囲気だけは伝わってきた。

言われる度に携帯へメモし、方言辞典のようなもので調べた。

だが、どれも似たものがなく、不明だった。

のたまう、の聞き違いかとも予想したがやはり〈のたまり〉である。

また〈のたまり〉関連のイントネーションもあの土地のものとは少し違っていたように感じたらしい。

「うんうん。のたまり。結構耳に残ったな」

あれから時間が経っているから、細かい部分は正しくないかもと彼らは笑った。

それと、と彼らは更にこんなことを教えてくれた。

「どうしてなのか、会社は僕らをあそこに行かせたがったんです」

西川さんがああいうことになって、家が悪いことが判明したのにも関わらず、同じ場所に住めと強要した。

彼らはたまたまアレルギーであっただけだ。だからお前らは大丈夫だ。だからあのまま住め。それができなければ、手当などはカットだと脅された。

「イヤイヤ辞令を受け取って、住んだらあれですよ」

「そう。僕も話をしたんですが同じでした」

二人の意見から判断するに、あの家に社員を住まわせたいという会社の強い意志を感じた。ただし理由は分からない。

あんな辛い目と怖い目に遭ったことはない。

仕事だからギリギリまで逃げなかった。

仕事じゃなかったら、本社命令じゃなければさッサと逃げ出していました、と後輩たちは口を揃えて言う。

「それに、だって、僕ら……」

少しだけ口ごもったが、教えてくれた。

赴任前、彼らの妻のお腹には子供が宿っていた。

二人ともまだお腹が目立つような時期ではなかった。

一応上司だけに報告をした後に、辞令が下った。

やはり安定期に入るまでは単身赴任かとも考えていたのだが、会社命令に〈妻を同伴すること〉というものがあったようだ。これに関して西川さんは聞いていない。

理由付けとして〈営業先などへの信頼は単身者では得られにくい。また、家族ぐるみの付き合いを求められたときに妻がいないのは体裁が悪い〉であった。

これも西川さんは知らないことだった。

理由はどうであれ、仕方なしに会社の命令を聞いた。

結果、妻は体調を崩し、そして子供は——。

後輩たちは二人同じ悲しみに見舞われていた。

彼らは真剣な眼差しでこんなことを口にした。

「こうして客観的に見れば、会社の行動含めて、何か計画的な気もします」


西川さんがいた、あの会社はすでにない。

あの赴任先は限界集落にはなっていないが、発展しているという話も聞いたことがない。

彼はあの優しかった人々を思い出す。

一度くらいは再訪してみたい。

しかし、後輩の言葉を思い出すと、わざわざ火中の栗を拾う真似をしなくとも、と思う。

だから〈のたまり〉については、今も何の回答も得られていない。

名

社内プロジェクトのリーダーがいる。

そろそろ五十代になる男性社員で、古参と言えた。

このリーダーには〈リーダー論〉というものがあり、常々周りに吹聴していた。

それはたいそう立派なものであったが、少なくとも彼は実践できていない。

そもそもこの人物は、無能であった。

更に自意識過剰であり、また五十代男性にありがちな名誉欲や出世欲の強い人物だった。

自分以外を排除する傾向もあり、また、下の人間は使い捨てと思っている節もあった。

ともかく問題の多い人物でしかない。

こんな社員でも解雇されないのには理由があった。

このリーダーは社長の縁故——すなわち血縁だったからだ。

加えて社長の親族はもうひとり社内にいた。

専務取締役である。

この専務取締役は目の前の数字・金にだけしか目が行っておらず、大局を見誤る傾向が強いタイプであった。
リーダーと専務取締役が揃う仕事では、明らかに社員の士気が下がった。
使えない人間と、目先の利益のみしか見えない人間が合わさるからだ。
〈社長の縁故・無能ツートップ〉に害はあっても益はなかった。

あるとき、中途採用された人物が入ってきた。
三十代男性で、総務部に配属された。
この人も社長の縁故であったようだが、何故か役職付きではなく、平扱いだった。
「血縁って言っても、自分の妻のほうだし、それもかなり薄い」らしい。
そして、例の縁故ツートップとは違い、とても仕事ができた。
有能な彼は人付き合いも上手く、社内にすぐ溶け込んだ。
そんな彼が総務部の社員にこんな話をしたことがある。
「あの、この人たち、名前の字を間違っていない？　名簿のと違うんだけど」
名刺を作るように頼まれていたのでチェックしていたところ、気がついたという。
訊かれた人が見れば、常務取締役とあのリーダーの物だった。
そんなことはない。これまでそれで大丈夫だったというのだが、彼は引かない。

名簿を出してきて比較した。

「ほら、違う」

彼らの下の名前が若干違う漢字で記載されていた。

例えば、字画が少し多かったり、少なかったりするような似た漢字だ。

その記憶力に驚いた。

「でも、頼まれたままやらないと」

「うーん、そうだね。それでいいか。なら発注しておくよ」

名刺は名簿とは違う漢字で作られた。


ところが新しい名刺を渡した頃から、リーダーと専務取締役がミスを連発し始めた。

それも本人たちの責任が問われるものばかりで、どうやっても責任転嫁できない。

加えてリカバリー不可能な類のことしかなく、流石の社長も庇いきれなくなった。

会長に至っては怒り狂い、彼ら二人の更迭を決めたほどだ。

これと同時期に、あの社長の遠縁である総務の男性が会社を辞めた。

そのとき、そっと仲がよかった数名にこんなことを教えてくれた。

「ちょっとね、イタズラしたんだ」

彼はリーダーたちの名刺に少しだけ仕込みをしていた。

例を挙げるなら、名前の一部に点や線を加えていた。

とはいえ見てもすぐに分からないようなものばかりで、じっくりチェックしないと気がつかない。高度な間違い探しのようなものと言えば分かるだろうか。

曰く〈これで彼らの字画が最悪になる〉らしい。

いくつも調べてやったというのだが、彼は苦笑していた。

「こんなに効き目があるなんて」


彼が去った後、会社は更に経営が悪化してしまった。

先がないのが目に見えるほどだ。

依願退職者を募ったところ、あっという間に店員オーバーになった。


この話を聞かせてくれた人物が言う。

その会社の総務部にいて、件の彼と仲がよかった人物だ。

〈本人に教えて貰った。実は、あの人は名簿にも手を加えていた〉

会長、社長、専務取締役、リーダーの名前の所だけ上から紙が貼られ、修正されていた。

どれも名刺と同じく、よく見ないと分からない僅かな点や線が入っている。

やはり最悪の字画にしていたらしかった。

どうしてそんなことをしたのか。

これも答えを聞いていた。

社長、専務取締役、リーダーからむげな扱い、いわゆるパワハラを受けたから、だった。

また、他の社員に対する彼らの横暴さに厭気がさしていたこともあるという。

我慢してまでこの会社にしがみつくつもりはないから、いつ辞めてもよかった。しかしそれだけでは面白くない、何か仕掛けられないかと考えた末の行動だった。

しかし、文字を少し変えただけでここまで効果があると彼は信じていたのだろうか。

〈自分でもここまで（効果があるとは）とは思っていなかった〉が答えだった。


このことを知っている人は、それからも名簿などを元に戻そうとしなかった。

そしてそのまま全員が退職した。

理由はさもありなん、だろう。


この会社は彼の狙い通り、業績は悪化の一途を辿っている。

メインの商材のみ好調らしいが、それもいつまでもつか分からない。
目先のことしか見えていない売り方だから、いつか潰れるだろう。
明日は知れないというのが同業他社の見方であるらしい。

ええんよ

奥寺さんがまだ二十八歳の頃だ。
夫と姑の問題などで離婚して、一年くらい過ぎた辺りだったと思う。
当時、小さなアパートに住んでいた。
再就職も上手くいき、目立ったトラブルもなく普通に暮らせていた。
そんなある日、近所に少し気になる子供がいるのを発見してしまった。
小学校低学年くらいの少女だ。
首回りが伸びたロングTシャツによれきったスカート。
くたびれたスニーカーを靴下もなしで直に履いている。
季節関係なくいつも同じ格好だ。
それに髪の毛も伸び放題に見えた。
もう少し肥り、身なりをきちんと整えればとても可愛いだろう。
この少女は近くの公園によくいる。
滑り台や屋根付きの遊具の下に立っていたり、しゃがんでいたりした。

雨の日も風の日も、暑い日も寒い日も、昼夜問わずそこにいた。
ああ、親がちゃんと育てていないのだなとすぐに理解できた。
声を掛けようと考えたこともある。
しかし、関わり合いになって問題を引き起こすのもまた面倒だった。
離婚から時間は経っているが、まだ心が疲れていたからだ。

あるとき、少女の髪の毛が短くなっていた。
ただし、綺麗に整えられているわけではない。
前髪はほとんどなく、また、左右の長さが大きく違っていた。
適当に切ったのとも違い、酷い髪型にしてやろうという意図を感じる。
少女がシャツの裾を引っ張りながら地面を見つめていたのが、印象に残った。
またあるときは寒風の中、指で地面に何かを書いていることもあった。
遠かったからどんなことが記されているか分からない。
翌日、たまたま少女がいなかったのでそこの場所まで行ってみた。
半分消されていたが、どうも数字とひらがなのようだった。
数字は二つ三つしかなかったが、ひらがなは割と読み取れる。

いくつか間違っていた。

少女はまだひらがなが満足に書けないようだった。


そして、冬が来た。

その日は朝から雨が降っており、夜中に雪に変わると予報されていた。

奥寺さんが会社から帰る時間もまだ雨は降り続けている。

いつもの公園を通りがかれば、少女は濡れそぼったまま立っていた。

どうしたことかシャツは伸びきり、半分ほど千切れかけている。

スカートは泥汚れでどろどろになっていて、足下は裸足だった。

街灯に浮かび上がったその姿を見て、どうしようもない感情に囚われた。

思わず自宅へ走った。

前に買って使わなくなったビニール傘、靴下とスニーカー、シャツとタオルを持ち出す。

公園の少女の元に戻り、身体を拭き、シャツを着せ、靴下と靴を履かせた。

身体に触れると身を硬くするのが伝わってくる。が、少女はずっと無言だった。

サイズが合わず不格好になったことを詫び、元のシャツは勝手に棄ててはいけないだろうとレジ袋へ入れ、その場に置いた。

全てを終えると、彼女はその場から逃げた。
これ以上は何もできないという意思表示だった。

翌日から少女の姿は見えなくなった。
あの公園どころか他の所にもいなかった。
もしかしたら保護されたのだろうか。
きっとそうだと奥寺さんは考えることにした。
だとしたら、もう大丈夫だと安心したかったのかもしれない。

が、翌年の二月くらいだった。
夢を見た。
あの公園に奥寺さんがいる。
ベンチに座っているとあの少女が歩いてきた。
手には傘とスニーカーなど、あの日渡した物を持っている。
〈ごめんなさい、ごめんなさい、ごめんなさい、ごめんなさい〉
凄く小さくて、聞き取りづらい謝罪の言葉を繰り返した。

掠れているのは何故だろう。
謝りながら少女は泣き出してしまった。
手に持った品々をこちらへ返そうとしていた。
奥寺さんもつられて涙が溢れてくる。
「ええんよ。ええんよ。これはあなたに上げたもんじゃき」
地元の方言で答える。
長い間ずっと使っていなかったものだ。
少女はまた謝る。
そしてそこで夢は覚めた。
まだ辺りは暗く、静かな部屋だった。
顔が冷たい。濡れている。自分は泣いていたのだろうか。
ぼんやり天井を眺めていると、僅かに雨の匂いがする。昨日から晴れていたはずだ。
気になって明かりを点ける。
玄関のコンクリートに、裸足の足跡が二つ、ぽつんと残っていた。

翌日、あの公園を通った。

ボロボロになったビニール傘が滑り台の所に立て掛けてあった。

自分が渡したものかどうかは分からない。

確かめることもしなかった。


何故、奥寺さんはあの少女の事が気になったのだろうか。

実は彼女には亡くした娘がいる。

言葉すら話せないころに死んでしまった。

まだ結婚生活をしていた頃だ。

夫の命令で外へ用事を済ませに行かされたとき、急死したのだ。夫には世話を頼んでいた。それでも彼は娘の異変に気がつかなかった。

姑は死んだ娘のことを嗤った。死んだのは生き運がないからだと、悪し様に。

離婚のきっかけになった出来事のひとつはこれである。

奥寺さんはあの少女を目にする度、娘が成長したらと考えた。

しかしそれは〈してはいけない想像〉だと自分を戒めた。

また身勝手に関わりを持ってしまうのは自分の他に〈少女にも〉問題が降りかかることを恐れたからでもあった。

今、奥寺さんは亡くした子の供養の時、あの少女の事も祈るようになった。
亡くなっていればあちらで幸せに、生きているのなら幸多からんことを、と。

トロ箱

三年ほど前のことだ。

当時、徳永さんは春から地方都市へ転勤することになった。

赴任期間は期限付きで、一年である。

不景気の中、会社からの支援もさほどない。彼は安いアパートを借りた。

その近辺は外国人労働者が多い地域で、アパート住民の半分が外国人であった。

モラルの差か、周囲では犯罪も多かった。

こんなに劣悪な環境だとは考えていなかったが、どうせ短期間だと我慢を決めた。


梅雨入りするかしないかという時期だった。

残業を終え、部屋へ戻ったのが夜十一時前。

食事を済ませ、ビール片手に狭いベランダへ出た。そこで煙草を吸うためだ。壁紙などを傷《いた》めないよう、いつも喫煙はここと決めている。

いつの間にか外では雨が降っていた。

ぼんやり眺めていると、雨音以外の音が聞こえる。

左手側の部屋からだ。

断続的なそれはなんとなくでんでん太鼓に似ていたが、音が僅かに低く感じる。

やけに耳に付いた。少しいらつきながら様子を窺う。

隔て板の隙間から見れば隣は真っ暗で、誰もいないようだ。

ベランダから少し身を乗り出して、改めて隣を覗いた。

(何もないじゃないか)

音を立てそうなものは何ひとつ見つからない。——と思ったが、一番奥に白いものを発見した。暗いから目が慣れるまで認識できなかったのだろう。

発泡スチロール製のフタ付きトロ箱だ。

さほど大きくない。ミカン箱くらいか。

耳を澄ますと音はそこから発されているように感じる。

雨でも当たっているのか。いやそれにしてはやはり音量がある。

部屋の中に戻っても聞こえるかもしれない。

だとしたら、雨の度に安眠を妨害される可能性がある。疲れているのにそれは勘弁だ。

隣に指摘して対策をして貰わなくてはならない。

（隣に住んでいるの、どんなヤツだったか……ああ、アイツらか）

思い出してげんなりしてしまう。

引っ越しの挨拶のとき、隣の住民と顔を合わせた。

むくんだ髭面の若い男と、伸びて根元が黒くなった金髪の女だった。

女は痩せており、年齢が分からない。

なんとなく二人は夫婦に見える。

引っ越しの粗品を出すと彼らはあからさまに舌打ちをした。

そればかりかひったくるようにそれを取り、ドアを激しく閉じた。

失礼な態度と非常識さに呆れはてた。

隣とは関わりを持たないことを決め、できるだけ避けるようにした。

が、その後、女の方をたまたま目にする機会があった。

すっかり日が暮れた後だったが、女はしっかりメイクをし、派手な服を着ている。今から出勤ですという格好は、どちらかというと若く見えた。

といっても、場末のスナックに勤務していますというビジュアルでしかない。

男も夜の仕事なのか、数えるほどしか見たことがなかった。

一連の出来事とつなぎ合わせて、納得したのは言うまでもない。

（ああいう輩に注意か。めんどくさいな）

音がうるさいとでも言えば、こちらに非がなくてもきっと喧嘩になるだろう。

我慢していれば何も事は起こらない。しかし音は辛い。

げんなりしながら再びトロ箱に視線を移した。

何故かスチロールの箱のフタが上下に揺れていた。

水滴の反動ではなさそうだ。どちらかといえば、箱の中から何かが押しているような。

しかし、動きは音のリズムとリンクしている。

音の原因は雨ではなく、箱の中身にあるのだろうか。

このフタの動きを止めればいいかもしれない。根拠もなくそんなことを思いつき、自室の冷蔵庫から氷を数個取ってきた。

これなら隣に投げ込んでもすぐに溶けて証拠は残らない。

ひとつ手に取り、思い切りトロ箱にぶつける。

鈍い音がした。何かしら中身が入っているからだろうか。

フタの動きと音が止まった。

（ビンゴ。しかしなんなんだ。蟹でも入っているのか）

氷をもうひとつ当てる。

想像を越えてフタが大きく飛び上がり、箱の上に落ちた。

元の位置からずれてしまったせいか、きちんと閉じない。中身が見えそうで見えないくらいの隙間がある。

何が入っているのかと目を凝らすが影になっているのか真っ黒だ。

残りの氷を箱の隙間に向けて、ひとつずつ放り込んでみた。

なかなか上手く入らない。最後辺りでやっとひとつだけ入ったように見えた。

しかし何も反応がなく、音は止んだままで聞こえない。

煙草をもう一本吸い、部屋へ戻る。

(うん。やっぱり音はしないな)

寝床で確認してから、目を閉じた。


が、悪夢を見た。

舞台は自室の風呂で、そこに胸まで浸かっている。

ただしバスタブの中はお湯ではない。何かドロドロしたもので満たされている。

胸元の水面に溶けかけた複数の胎児が浮かんでいる、ように見えた。

赤紫やチアノーゼの唇のような不快な色がマーブル状に広がっている。

胎児の湯船は生暖かく、酸っぱい悪臭が上ってきていた。

耐えていると、ふと寒さを感じ始める。

全身に氷を押しつけられているようだ。

冷たく、苦しく、辛い。それが極まったとき夢から覚めた。

外が薄明るい。

はっと気付く。隣が何か騒々しい。

男女が何かを言い争っているようだ。が、声そのものは押し殺しているのか何を言っているのか分からない。

また、あの太鼓のような音が始まっていた。

声もだが、音が耳障りだ。悪夢のこともあって、機嫌が悪かった。

(怒鳴り込んでやろうか)

だが、念のため本当に隣から音が鳴っているかどうかを確認しておこうと思った。

苦情を入れるのはそれからでも遅くないと考えたからだ。

気配を消して、ベランダへ出た。外はすでに雨が止み、日が昇りかけている。

足音を忍ばせ、できるだけ向こうから見えないように姿を隠して隣を覗いた。

まず、女の背中が見えた。

何か白いものに座っている。短いスカートがまくれ上がり、下着が丸見えになっていた。

座っているものはあのトロ箱だ。

隅から中央辺りに移動させたようだった。

すぐ傍に男がこちらに背中を向けて立っている。

右手にガムテープを持っていた。何故か足下には猫砂の袋があった。

彼らの言葉が微かに聞き取れた。

「押さえている内に、早く」

何を意味するかはっきりしない。

あんだけしたのに、だの、ガキども、だの、そういったことを口にしている。

確か隣に子供はいない。これまで声すら聞いたこともない。

だとすれば、他人の子供のことを言っているのだろうか。

疑問の渦中、彼らがトロ箱をガムテープでがんじがらめにし始めた。

よく見れば奥に似たようなテープまみれのトロ箱が二つある。

夜中見たのはひとつだけだ。三つなんてなかった。

どうしてなのか、寒気が背中を這い上がる。

彼らに気付かれないよう、そっと自室に戻った。

隣はまだ何か話し合っている。音は止んでいた。
（いや、まて）
ベランダに出たとき、音がしていたか？
記憶にない。いつ終わったのか。それすら知らない。
男女がどこかへ出掛けていく気配があった。
再び隣のベランダを見れば、あのトロ箱は全てなくなっていた。
それから間もなくして隣は引っ越していった。

それから数日後だった。
我が目を疑う出来事があった。
自分の部屋のベランダに白いトロ箱が置かれていたのだ。
自室の鍵は掛かっていたはずだ。だとすれば、ベランダ伝いで誰かが持ち込んだのか。
中身は何も入っていなかったが、何かに使った形跡があった。
茶色い汚れがあり、酷い腐敗臭がしていたからだ。
すぐに砕いて棄てたが、とても厭な感じを受けたという。

それから隣室は何回か住民が変わった。
知るだけでも、五ケ月で三回は入れ替わっている。
ときおりあの〈耳障りなでんでん太鼓〉の音が聞こえていた。
特に酷く鳴った後、住民が引っ越していくような気がしていた。
原因はなんとなく予想できるが、口に出したくはなかった。
徳永さんは本社へ戻ったが、あれ以来トロ箱を見るのも厭になった。

イケブクロ

桜が咲く頃、浅木さんが短大に入った頃の話だ。

彼女から見て母方の叔母が亡くなった。

東京・池袋の従姉妹の家を訪ねていたときだった。

近畿地方に住む叔母は死の前日、友達を訪ねる名目で上京していたのである。

ホテルを取るなら従姉妹宅へ泊まれば良いと誘われ、厚意に甘えたのだ。

叔母と言ってもまだ三十代頭くらいで、綺麗な人だった。

だからとても驚いたことを覚えている。


叔母の死について、後に従姉妹から電話で聞いたことがある。

『(死の前日)寝る直前、少し変な感じだった』

明日、出掛ける予定の時間を聞いても「さあ?」としか言わない。

お友達と観光するのではなかったかと逆に問えば、そうだったそうだったと答えるが、心ここにあらずの様子だ。

そして客間へ行くとき、何故かおやすみではなく、さよなら、と言った。

翌朝、叔母の目覚ましアラームがずっと鳴っており、いつまでも止めない。

起きられないのかと様子を見れば、何かがおかしい。

起こしてあげようと声を掛けたり、身体を揺らしても無反応だ。

まさかと確かめれば、呼吸をしていない。

従姉妹の家は上へ下への大騒ぎとなった。

『救急車呼んだり、警察からしつこく聞かれたり、大変だった』

死因は自殺や他殺ではない。いわゆる心不全であった。

親戚中、叔母の行動や状況をして〈まるで東京へ死にに行ったみたいだ〉と噂になった。

また、不審な点はもうひとつある。

叔母の友人知人、職場関係の人間に東京在住の人間がひとりもいなかったことだ。

携帯からも、他の何からも発見できない。

では、あの日、叔母は東京で誰を訪ねようとしていたのか。

誰にも分からなかった。


その後、従姉妹一家は引っ越した。

マンションを買ったこともあるが、他に理由があった。

〈元の家に死んだ叔母が出る〉からだった。

いつもではない。忘れた頃、客間の隅やドアの影に佇んでいる。

ハッキリと姿を現すと言うより、幻の如くそこにいるだけだ。

ぼんやりと浮かぶ顔に、薄い悲しみのようなものが浮かんでいるように思えた。

時には気配だけという事あるが、どうしたことかそれが叔母であると全員が理解できた。

従姉妹曰く、これは直に感じなければ分からない感覚であるらしい。

何をするでもないので、最初こそ哀れんでいたが、次第にうっとうしくなってきた。

あるとき、従姉妹の母親が悪態を吐いた。

〈人の家で死んでおいて、いつまで迷惑をかけるのか〉

その晩、叔母の影が一晩中母親の傍に立ち、じっと見下ろしていた。

何をするでもない。ただ立って見下ろすだけ。表情はいつもと変わらない。

母親は何度か目を開けてその姿を確認したが、その度に心臓辺りへ刺されるような痛みを感じた。

ああこれは悪口を言ったからかと気付く。

必死に謝るのだが事態は変わらない。

叔母は朝までずっとそこにいて、心臓の痛みは消えるまで続いた。

この一件から叔母が無害なものではないと分かったのである。

お祓いを受けたり、お坊さんを呼んでみたりしたのだが一切効果はなく、それからも叔母は姿を現し続ける。

結局逃げるように家を引き払った。


引っ越し後から叔母は新居には出ていないと従姉妹は言う。

新居には、ということは何かあるのかと問えば、素直に教えてくれた。

『家にはもう出ないけれど』

引っ越し後に訪れたサンシャイン水族館で、叔母を見た、らしい。

水族館を楽しんでいると、うるさく咳き込んでいる男性がいて気になった。

そちらを見れば、そのそばに生前と変わらぬ姿の叔母が佇んでいる。

ただ、叔母は水槽の中を見ていなかった。

すぐ近くにいた中年の男女——多分夫婦だろうか——の方を睨み付けていたという。

咳をしていた男性はその夫の方である。

しきりに喉の辺りを押さえ、苦しそうな咳を繰り返した。

彼らは叔母の視線に気付いていない様子だ。その姿が見えていないようにも思えた。中年の男女が移動すると、叔母はその後を付いていく。

厭な気持ちになり、従姉妹は水族館を出た。

入場料が無駄になったが、それでもよいと思った。


浅木さんは当然の疑問を従姉妹にぶつけた。

目撃したのは生きている普通の人で、ただ単に叔母に似ているだけではないのか。

従姉妹は違うと頑《かたく》なに否定する。

『あれはあの人だったよ』

だって〈あの左手だった〉から、と。

叔母は左手に特徴があった。だから間違えるはずはないと言い切った。

それから従姉妹は何度か水族館を訪ねたが、叔母を一度も見ていない。

死後の叔母はどこにいるのか。どうなっているのか。

誰にも分からない。

シブヤ

ある人から聞いた。
中国地方に住むこの人が、関東地方へ出張で訪れた。
筑波での仕事を終え一泊する。
翌日は土曜日と言うこともあり、一度渋谷へ行ってみようと決めていた。
休日の午後、駅前のスクランブル交差点はたくさんの人が歩いている。
目的の場所を調べようと少し端の方で立ち止まった。
スマートフォンに表示された建物を確認しようと顔を上げる。
人波の中、目を疑う人物の姿があった。
自分の母親がいたのだ。
四十八歳になった今も、地元から一度も出たことがないような人物である。
(何故、こんなところに)
声を掛けようと近づくにつれて、違和感が襲ってきた。
まず、着ている物が違う。

母親は普段からトレーナーにゴムウエストのものなど楽な格好が多い。
しかし目の前にいるのはキャリアウーマンの休日的な、隙のない格好だ。
まるでファッション誌から抜け出してきたような、洒落た姿である。
それでも顔は母親そのものだった。
違うのは、化粧の方向性だけだろう。
(まさか、こんな所にいるわけがない)
後を追いかけながら頭の中で疑いを打ち消すが、気になって仕方がない。
勢いで声を掛けた。
相手が振り返った。
正面から視線を交わしてもやはり母親としか思えない。
相手は疑わしげな目を向け、こちらをじろりと見ている。
「あの、すみません」
「はい?」
短い言葉のやりとりなのではっきりと言えないが、声も似ているような気がする。
あたふたしていると、相手はさっさと行ってしまった。
(あれは他人を見る目だった。だから他人のそら似だったのだ)

雑踏に消えていく後ろ姿を見送りながら、そう思った。
と同時に実家の家電話に掛けることを思いつく。母親が出た。
念のため、今日はどこへも出掛けていないことと、変わったことがないか訊く。
『はい、あら、へじゃけど（そうだけど）？　なんもないわぁ。急になんでやの？』
いつもと変わらぬ声だった。
東京に似た人がいたから、まさかと思って、とそう教える。
世の中には三人、似ている人がいるから、その人だろうと笑い飛ばされた。
ああ、やはり自分の見間違えだったのだと胸を撫で下ろした。

が、関東から帰宅して二週間ほどしたくらいか。
近畿地方に凄まじい大雨が降った日だった。
母親とテレビを見ていると、渋谷のスクランブル交差点が中継で写し出される。
驚いた。
母親にそっくりな女性が歩いていた。
流石に顔がアップになっていないが、それでも分かるほど似ている。
あのとき目撃した女性だろうか。少なくとも服装は前と違うように見えた。

「ほら、お母さんに似てる人が」

「え？　ああ？」

すぐにスタジオへ切り替わった。

母親も一瞬だが自分に似ている人を確認できたようだ。

自分が映されたビデオを見たみたいだ、本当に東京に似ている人がいたのだと彼女は少し興奮していた。

ただ、あんなに綺麗な服着て颯爽と歩くところはまるで別人みたいだったねと笑った。


それから約半年後、母親は自宅で亡くなった。

前日、転んで頭を打ったことが死因に繋がっていた。

誰も予想しないことで、家族は悲しみより思考停止が先に来たという。

落ち着いた後、父親が嘆いた。

「ひとりで眠らせるのではなかった。自分がいれば、異変に気付いて病院へ連れて行けたのではないか？　それで、助かったのではないか？」

両親いつも同じ寝室、同じベッドで眠る。

たまたまその日、父親は遠方へ泊まり仕事でいなかった。

後に、通夜や葬儀の参加者数名からこんな話を聞いた。

〈あなたの家の門から、お母さんそっくりの人が出てくるのを見た〉

通夜や葬儀に向かう前、家の前を通りがかった。

丁度出て来た人物が亡くなったはずの母親の顔にそっくりで、目を疑った。

声を掛けても無視をしてさっさと歩いて行く。

故人の姉か妹かもしれないと想像したが、ひとりっ子だと聞いていたことを思い出した。

後を追いかけると停車していたタクシーに乗って、駅に向かって走り去る。

その母親そっくりな人物は、とてもお洒落な格好であった、らしい。

不思議なのは、その〈そっくりさん〉を見た人たちの目撃時間がまちまちなことだ。

それなのに、行動は全く同じ。

門から出て来て、待たせていたであろうタクシーに乗って駅方面へ向かう、だった。

正体が分からないまま、その〈そっくりさん〉を見ることはそのときだけであった。

朝、息を引き取った母親を発見したのは、この話を聞かせてくれた人——娘さんである。

朝起きてこないから両親の寝室へ様子を見に行った時だ。

ドアの向こうから声を掛けるが反応がない。

仕方なくドアを開けると冷たい空気が流れ出した。

冬、厳しい寒さなのに窓が開けられていた。

そして、ベッドの上で母親が仰向けになって目を閉じている。

何故か右手が、布団から出ていた。

その指さすような形で固まった手は、何故か窓の方を向いている。

再び声を掛けた。

返事はなかった。

母親に触れると氷のように冷たい。

自発呼吸はなく、すでに事切れていた。


母親が寝室の窓を開けていたことも、手だけ出してそちらを指さしていたことも、どうしてなのか家族の誰にも説明できない。

ひとつだけ言うならば、母親は何かを伝えたかったのではないかと感じている。

伝えたかったことが何であるかは、分からないが。

ポリネシア土産

掛井君が大学を卒業した年のことだ。
八月、ある用事で親戚の家を訪れた。
二つ歳下の従兄弟が迎えてくれる。彼は引きこもり気味の大学生だった。
今は自分だけしかいないと、クーラーの効いたリビングへ招かれる。
入ると真っ先に目に入った物があった。
棚に飾ってある人形だ。
しゃがみ込んだ南方の民族を象った像である。
五百ミリリットルのペットボトルくらいの高さがある。
全体は黒く、ところどころが白や青、赤で彩色してあった。
特に丁寧に色が乗せられているのは、白い目と赤い唇だろうか。
やけに存在感がある。
「何これ？」
「姉ちゃんが貰ってきた。ポリネシアのお土産だって」

ふうんと頷きながら、ソファに座り雑談をする。

——のだが、どうにもポリネシアの像が気になる。

何というか、じっと睨まれている気分になるのだ。

像そのものは違う方向を向いている。彫られた目も明後日の方向を指していた。

しかし、こちらをねめつけるような、睨むような視線を感じて仕方がない。

ソファを変えてもそれは変わらず、居心地が悪い。

勘づいたのか従兄弟が像を指さした。

「……やっぱり？」

彼は厭そうに顔をしかめながら言葉を続けた。

「あれ、どこにいてもこっちを睨んでいるように感じるんだ」

姉を除く家族全員がそう思っているらしい。

だから像を片付けようとすれば、姉が怒る。

友達から貰ったいいものだから、ここに飾れ、と。

しかし気味が悪い。だったら姉の部屋へ持って行けばいいじゃないかと言うのだが、それはダメだと首を縦に振らない。

最後は喧嘩になりかけた。

ここ最近、姉はとても怒りやすくなっていた。

それを見ていた父親と母親がうんざりしながら「ここでいい」、そう許してしまった。

だからリビングに置かれることになった。

掛井君は進言する。

「だったら、姉ちゃんいないときに移動させたら？」

従兄弟は首を振った。

それをやろうとしたことはすでにあったようだ。

姉の部屋へ持って行ったり、客間へ置いたり、物置部屋へ納めたりした。

その度に姉が怒り狂い、元へ戻す。

無用なトラブルを起こすなと逆に父親からたしなめられた。

どうも父母は姉のヒステリーが面倒くさいようだ。元々そこまで子供を叱らない人たちだったから、こういうときにはどうしようもないのだろう。

それともうひとつあるのだ、と従兄弟が教えてくれた。

ポリネシアの像を手に持つと違和感がある、らしい。

硬いはずなのに柔らかく感じる。

例えるなら、泥を入れたビニール袋か、生肉が大量に入ったパウチか。

そして、移動させた後、異様に疲れる。

まるで肉体労働を数時間行ったような疲労感だった。

「変でしょ？　それに像が来てからこのリビング、なんだかいつも暗いんだよ」

従兄弟が天井を指さす。

明かりが点いている。改めて驚いた。

確かに最初から暗い部屋だなと思っていたのだ。

日当たりが悪くない場所、それも今は夏なので日照時間も長い。

それなのに、全体が薄暗く感じられる。

「どちらにせよ、変なものだから、さっさと処理した方がいいよ」

従兄弟に助言したが、力なく頷くだけだった。


それから半年も経たない冬の頃、例の従兄弟から連絡が来た。

『あのポリネシアのやつ、ぶっ壊したよ。砕いたんだ。でも……』

説明しづらいなと口ごもる。

事情を訊けば、少し信じられないような話だった。

我慢を重ねた挙げ句、従兄弟は放置された像に耐えられなくなった。

仕方なく強硬策に出た。

姉が出掛けたときに、庭へ像を投げ棄てる。

そして、マチェットで叩き割った。

どういうことか、砂糖菓子のようにすぐ粉々になっていく。

見た目は硬そうな木だが、思ったより脆《もろ》い材なのだろうかと思った。

僅かな間に原形を留めぬ程度に破壊できたが、気がつくと全身汗みどろになっている。

タオルで拭くと布地が黒く汚れた。

土や砂汚れと言うより、煤のような雰囲気がある。

像の塗装が舞い上がったのかとも考えたが分からない。

そもそも、服で隠れている場所を拭っても汚れが付く。

更にタオルがあっという間に臭くなった。真夏、汗を拭いたまま放置したらこんな臭いになるだろう。

しかし今は真冬で、タオルが汗で濡れたのも今し方の話だ。

いったいどういうことかと首を傾げるほかない。

喉が酷く渇いたので、像の残骸を放置して水を何度も飲んだ。

そのままソファに座って休む。

そのとき、家電話が鳴った。

表示された番号は姉のものだった。

出ると姉の友人が掛けてきている。

『お姉さんが、さっき倒れて』

友人とショッピング中、姉は突然奇声を発して卒倒していた。

白目を剥いて痙攣《けいれん》すらしたらしい。

『救急車で病院に来ている。あの子の携帯からお母さんやお父さんに掛けたけれど、誰も出ない。仕方なしに家電に掛けた』のだと姉の友人は説明する。

病院名をメモし、お礼を言って、切った。

両親へ電話するが繋がらない。メールを送り、自分だけでもと病院へ向かう。

着いてみれば、姉は何もなかったようにけろりとしていた。

遅れて来た両親もほっとする反面、何か解せない表情である。

「家に帰っていいと言われた」

世話をしてくれた姉の友人にお礼をし、家族全員で戻る。

リビングへ入った途端、姉がヒステリーを起こした。

「あれがない！」

ポリネシアの像のことだ。

思い出した従兄弟は、庭で砕いて放置した事を教える。

姉が庭へ飛び出した。

「ない！」を何度も繰り返す。

見てみれば、本当に欠片ひとつ落ちていない。

いったいどういうことか。自分はそのままにして出掛けた。片付けた者は家族にいない。

喚いていた姉が、急に大人しくなった。

疲れたから寝ると、自室へ行く。

姉を見送った後、親に訊かれた。

「……像はどうしたんだ？」

正直に答えた。

壊したこと。汗とタオルのこと。

連絡があってそのままほったらかして病院に行ったこと。

続いて壊した時間を聞かれた。

だいたい姉が倒れた連絡が来る少し前、何時何分くらいだと教える。

両親が少し硬い顔に変わった。

「その時間、俺も体調が悪くなった」

「わたしもそう」

二人はそう訴える。

連絡が来る前に酷い貧血のような状態になり、彼らは休憩していた。

もちろん別々の場所で、だ。

だから携帯への電話やメールを見ていなかった。見られなかった。


翌日からの姉は晴れ晴れとした表情を浮かべるようになった。

とはいえ、像のことを何か言いたげだったが、あえて黙っているようだ。

家族はそのまま何も言わなかった。

『それからなんだか、家の中も明るいんだよね』

じゃああの像が全部悪かったんだろうね、と二人結論づけた。


あのポリネシアの像の一件から一年ほど過ぎた。

今、従兄弟の家には何の問題もない。

引きこもり気味だった彼も、今は結構外へ出て、学業に精を出しているようだ。
そして、つい最近あの像の正体が分かった。
あれはポリネシア土産ではなかった。
あの時期、姉が傾倒していた占い師に作って貰ったものだった。
開運、運気上昇などを目的としたアイテムだ。
「あの頃の私は変だった。占い師の言うことをほいほい聞いていた」
彼女がヒステリックになった時期は、その占い師と付き合いがあった頃であった。
今はその占い師とまったく関わり合いを持っていない。

平和になった従兄弟の家だが、彼としては気になっていることがある。
あの、砕いたはずの像の残骸はどこへ行ったのか。
誰かが持ち去ったのなら、誰の仕業なのか。
従兄弟もその家族も——姉含め——誰も知らない。知りようがない。

どうかと思います

廃墟探訪には流行り廃《すた》りがある。

一時ブームが去ったが、近年また一部で廃墟に訪れることを楽しむ人間が増えたらしい。

廃墟へ赴いてはＳＮＳなどにアップするのである。


中田某氏も廃墟探索に興味を持った。

彼は元々オカルトも好きで、そういう書籍やネットの情報を常に見ていた。

いろいろ廃墟探訪の定石などの情報を得、満を持して廃墟調査を始めたという。

三十代未婚であるから、時間の融通は利く。

似たような趣味を持つ独身の友人を誘っていわゆる〈チーム〉を組んでいた。

チームの目的は、ネットで公開するべく廃墟コンテンツを取材すること。

それもオカルト寄りの〈突撃体験談〉を予定していた。

メンバーは三名。

中田氏はリーダーである。

廃墟情報の取捨選択と計画を立て、写真撮影も担当する。

そして、文章と動画撮影を担当するのが國木田という男だ。

國木田は映像コンテンツ関連の仕事に就いた経験があった。そして、ホラー小説や怪談などが好物で、自分でもそういう類のものを発表する当てもなく密かに書いている。

だからメインの執筆と動画を担当することになった。

もうひとりは霊能力者の張。

霊能力がある、とは自称である。

会社員をしているが、副業として霊的なトラブル解決だの除霊だのという個人的な商売をやっていた。霊能力者の師匠もいるらしいが見たことはない。

張自身も〈霊能力者の自伝〉的な文章を書きたいと思っていたらしく「プロトタイプとか練習の場として（ネットで発表は）有益だ」とこの計画にかなり乗り気だった。

だから、このチームの廃墟探訪パターンは決まっていた。

中田氏が集めた情報を皆で取捨選択する。

その後、現地へ行き、張の霊的調査を行う。写真は中田氏、動画は國木田が担当だ。

調査後、國木田がまとめる。更に張が手を加え、画像の解説も書く。

全てのデータを揃えて、ネットにアップする直前で止めておくのだ。

コンテンツの分量がある程度溜まるまで、公開はしない予定だった。
理由を言えば、ネット公開後に社会の話題を攫《さら》うためである。
センセーショナルな登場で衆人の耳目を引くことがチームの狙いだった。
そのために時間を掛けてコンテンツを構築する必要があるとよく話し合ったものだ。
何故こんなに用意周到な行動を取るのか。
彼らには目的があった。
「ネットで人気を博し、出版社から声をかけられ書籍化、最終的に作家になる」
共通目標があるおかげで、チームは常に上手く回っていたという。

秋が深まる時節だった。
中田氏はある廃墟の情報を仕入れた。
離散一家が所有していたビルである。
一階がテナント、二階が事務所、三階から四階が持ち主家族の住居になっている。
バブル期をしのいだが、リーマンショックの煽りで廃墟と化した。
一家の主人は行方不明。一説によると殺されたとも言う。
残された妻と子供の消息も分からないが、夜逃げしたのだろうと噂されている。

ビルは放置され、そのまま荒れ果てて行くに任せていた……らしい。

彼はほくそ笑んだ。

この手のパターンだと、住民の痕跡がある程度残っている。

例えば、生活用品、雑貨、日記、アルバム。カレンダーや新聞、雑誌などの〈往時を思わせる〉アイテム群だろう。運がよければ家系図を見つけることもある。

それらを調べ、廃墟になった背景を想像して楽しむ。

廃墟にはドラマが必要だ、が中田氏の持論である。

それに人死にがあったのなら、きっと心霊的な何かもあるはずだと期待した。

すぐにチームを招集する。

土曜日の午後、現地へ足を向けた。

午後。曇り空で肌寒い中、問題のビル前に着く。

周りには似たような雑居ビルが多いが、この一角そのものが寂れていた。

雰囲気がよいと中田氏、國木田、張は盛り上がった。

彼らは件のビルへ土足のまま侵入する。

思った通り〈とても良い廃墟〉だった。

元の住人の匂いがそこかしこに残っている。

國木田はカメラ片手に興奮し、いつものように「いけてる」「キックがある」だの「ガチにしないと」「これはいろいろ盛れるぞ」だの小声で騒いでいた。

こういうのは恐ろしくしてやらないと受けないだろ、が彼の口癖でもあった。

張は張で「凄い霊的だ」「恨みの念が」「自分のレベルでも手こずるかも」を連発中だ。

時折、指で何かを払う動きをしたり、他の二人の背中をさすったりしていた。

少ししてから國木田は生活用品を破壊し始めた。

壊した茶碗やタンス、引きずり出した座布団や客用らしき布団などを踏みにじっては笑ってシャッターを切っていた。

張は仏壇を見つけ、そこに対し「浄霊だ」と何事かやり、そしてそれを引き倒した。

位牌は踏み割り、仏具は幾つかバッグに収める。仕事で使うらしい。

「こういうのも買うと高いから」が張がよく言う台詞だった。

これらの行為はいつどこの廃墟へ行っても彼らがやっていたことだ。

だから中田氏からすれば見慣れた光景であった。

結局、二時間ほど探索し、ビルを出た。

警察や近隣住民がやって来ないか注意を払いながらだったから、これでも短い方だ。

外に出れば、すでに日が落ち始めており、気温が下がっていた。

が、興奮のせいかその後も大変高いテンションを保っている。

時間を潰し、夜中もう一度侵入し、また写真と動画を撮った。

國木田と張は更に破壊と盗みを繰り返した。

深夜だというのに、なにもおかしなことはなかった。


だが、廃墟に入った日の翌晩、中田氏は夢を見た。

行ったばかりのあの廃墟ビルに自分がいる。

家族が団らんを楽しんだであろうリビングだ。あの日荒らした後のような状態ではなく、小綺麗に整理整頓されている。

そこには自分以外に何人かの姿があった。

國木田と張、そして他にあと三人。

中年男性と中年女性、小さな男の子だ。

一瞬で（ああコイツら、ここの住人だった連中だ）と理解できた。

子供は思ったより小さく、年を取ってからの子だったのだろうと思った。

この三人家族が思い思いにボールを投げてくる。

ドッジボールのような大きさのもので、当たるとかなり痛い。

家族は容赦なくチームメンバーにボールをぶつけてくる。

止めろ、止めろ、痛いじゃないかと怒鳴るが、家族は無視してボールを投げる。

ボールの感触が急に硬くなり、更に激痛となった。

一体どういうことかとフローリングの床に落ちたボールを見る。

唖然とした。

ボールではなくなっている。

カラーや白黒の写真、位牌、仏具、仏像、様々なものが下に散乱していた。

中田氏はふと思い出す。

(俺らが行った廃墟で、こんなのを見たかもしれない)

仏壇やその近くにある遺影。アルバム。壁に掛けられた家族のポートレート、他もろもろ。いつか何処かで目にしたような気がした。

そう思った瞬間、怒りが湧いた。言うならば、逆ギレだろうか。

家族を怒鳴りつけ、殴りかかろうとした——そして、目が覚めた。

全身汗みどろである。身体が動かない。悪寒があった。

体温を測れば、高熱が出ていた。

うんうん唸るがどうしようもない。朝まで待つか。救急車を呼ぶか。

独り暮らしであるが故、自分でジャッジするしかない。

悩む内、また眠った。夢は見なかった。気絶だったのかもしれない。

翌朝、目が覚めると微熱になっている。しかし身体が辛い。

這うようにベッドから降りたが、休日担当の病院へ行く気力がなかった。

はっと思いつき、チームの國木田へ電話する。

『ああ、張と行ってやるよ』

すぐに来てくれた。

彼らが運転する車で夢の話をする。

「ああ、廃墟の夢は見たけれど、俺だけしかいなかった」

こう言うのは國木田だ。

当然ボールをぶつけられるような内容ではなく、ただそこにいるだけだった。

張に至っては夢すら見ていない。

廃墟の霊魂が君たちに何か影響したのであろう。しかしそれは霊能力者の私には手が出せなかったのだ、とは彼の言い分である。

張は胸を張った。曰く、自分は霊的守護があるから、と。

これはよいエピソードだな。國木田、書くか？　そう張は騒ぎ出した。

それで別の方向へ盛り上がり始めた。

中田氏が全快するまで結局三日ほど要した。


――が、それから約三年後である。

國木田と張は廃墟探訪へ出掛けることができなくなった。

國木田は原因不明の病のせいで階段から落ち、頸椎《けいつい》を傷めた。

首から下が麻痺し、自分ではもう何も自由にならない。

親から世話して貰うだけの人生となり、以降、完全に引きこもった。

張に至っては、死んだ。

その電話連絡をくれたのは彼の妻と名乗る人物だった。

彼女は残された張のスマートフォンから中田氏の連絡先を知ったのである。

張に妻がいると知ったのはこのときが初めてだった。

それまで彼は独身だと聞いていた。

張の妻に訊ねれば『張は〈霊能力者は謎に満ちあふれた存在であるべし〉と決めていて、プライベートは謎にすることにしていた』ようだ。

その妻は張の自死現場を目の当たりにしていた。

彼の死に様はかなり酷いものだったらしい。

自殺するような理由が彼にあっただろうか。中田氏には思いつかない。

『ありもしないものを見て、怯え、心を病み、自傷行為に走ったことが始まり』

と、張の妻は言う。

よく分からないが、一度、彼女に会うこととなった。


数日後、約束通り張の妻と対面した。

会って間もないのに、彼女はすぐ吐露する。

「張は幽霊も何も見えない人、インチキ霊能者だった」

張当人の自己申告であったから間違いないという。

霊能者商売は詐欺紛いであり、妻が止めろと言っても止めなかった。

そればかりか廃墟探訪ネタを客寄せにも使う予定だったようだ。

妻は苦しんだ。犯罪の片棒を担いでいるような気持ちだったからだ。

「張から中田さんのことを聞いていた。あなたが張を誘ったのだろう」

張の悪事を知らずともバックアップしていたのだと責められる。

興奮したせいか、彼女は長々中田氏をなじり続けた。

そして言いたいだけ言った後、今度はこんなことを吐き出す。

「実は、今新しい苦しみに悩んでいる」

彼女の元に死んだ張が出る、らしいのだ。

生前か自死後、どちらかの姿で現れる。

死んだ後の姿は目を覆わんばかりの酷さで、まともに見てしまうと彼女はかなり精神的に〈くる〉ようだった。

ただ、と妻は言い張る。

幻覚だと思います。あんな姿を見たから、脳に焼き付いていて、勝手に脳内で再生されているだけです、と。

これ以外の話題では「あんたがうちの旦那を誘ったから」という恨み節が何度も繰り返された。彼女の言葉のぶつけ方は、とてつもない攻撃性を伴っていた。

どう対応してよいか、分からなかった。


だが、ひとつ気になることがある。

國木田と張の不幸があったのは、あの廃墟探訪から約三年後だ。

それまでの間、彼ら三人にさして悪い出来事はなかった。

新たな廃墟探訪も少しはやっていたし、それなりに成果もあったほどだ。

いや、それ以上に幸運なことがたくさん舞い込んできていた。

例えば、やることなすこと上手くいく。

何かと大金に恵まれ、金に困らない。

それぞれ会社内や周りの人間の評価も上がり、やたらと人に恵まれる。

役職を持った人物に気に入られ、重用されることが増えた。

メンバー全員が仕事の付き合いなどで忙殺される。廃墟サイトの取材、作成などやっている暇もなくなる。作家デビュー計画はペンディングとなっていた。

そんなことよりこの世の春を謳歌するのに忙しかった。

だから三人連絡を取ることが激減するようになっていた。

お互いの動向など途中から全く分からなくなっていたとも言える。

が、そこへ突然の不幸がやって来た。

中田氏ですら、会社を解雇される事態を引き起こしてしまった。

彼を買っていた人間から見捨てられたことがきっかけであった。

懲戒《ちょうかい》免職ということもあって、再就職の足枷になったのは言うまでもない。

以降、中田氏は廃墟にも行かなくなった。

もちろんあの廃墟コンテンツは日の目を見ることなく、全て消された。

廃墟やオカルトめいたものに関わったせいで、自分たちに〈厄〉が降り懸かったのだと思ったからだ。関わってはいけないことに踏み込んだから、と。

それに関して確証はないが、きっとそうだと彼は考えている。

だからあれ以来、國木田本人や張の妻にも会っていない。

今の中田氏は望まない仕事に四苦八苦している。

生きているだけで儲けものだと考えながら。

体験談の最後、彼はこちらに向かってぽつりとこう漏らした。

こんなね、怪談なんて物に関わるのは、どうかと思います。私から言えば――。

わざと

山之井君が中学に上がる前の年だった。
その時期、友人と二人でいつもイタズラをしていた。
例えば、近所の飼い犬を虐める。
繋がれている犬は電動ガンを撃つ格好のターゲットだったからだ。
また人の庭にある家庭菜園に小便をして回った。
自分たちの尿がふんだんに撒かれた野菜を他人が食べるのは、とても愉快だった。
他、俗に言うワイヤートラップを仕掛けたこともある。
道路に細い針金を渡し、そこを通る人の首を引っかけるのだ。
車より自転車やバイクを狙ったが、上手くいかなかった。
丁度良い高さに設定できなかったからだ。
今考えれば、上手くいかなくてよかったのであるが。
あるとき、道路を通過する自動車の前に飛び出すイタズラを思いついた。

いつもの友人と実行するとすこぶる楽しい。
運転手が慌てふためき急ブレーキを踏む様がとても面白かった。
しかしいつまでもそこにいると捕まってしまう。
だから少しだけ運転手を見物したら、その場からバラバラに逃げ出した。
友人と落ち合う集合場所も決めており、そこで改めて大笑いをするのが常だった。
当然飛び出しポイントは毎回変えていたし、帽子やパーカーで変装する。
用意は万全だった。
しかし途中からもっと工夫が必要だと感じ始めた。
(もっとスリルが必要ではないか)
思いつきの行動を山之井君は即実行した。
車の前に飛びだした際、一緒に道路へ出た友人の足を引っ掛けてやったのだ。
当然勢いよく友人は転んだ。
道路を駆け抜け、後ろを見て笑いがこみ上げる。
腰を抜かしたように這いつくばる友人のギリギリで車が止まっていた。
(あと少しでアイツ、死んでいたな!)
友人を置いて、ひとりで逃げた。

笑いは止まらず、友人との集合場所までとても呼吸が苦しかった。
後からやって来た友人は怒っている。
どうして足を掛けたのだと言うので、偶然だと返した。
「わざとじゃない。わざとでなんてするものか」
友人はそうかと納得する。
彼は膝を怪我し、運転手にこってり絞られたようだった。

数日後、また同じ事を繰り返した。
車の前で友人の足を掛けた……と思った。
ところがタイミングがずれたのか、自分の足がもつれる。
身体の右側に衝撃が走った。
目の前が真っ暗になる。
だが、次の瞬間、何事もなかったようにいつもの〈集合場所〉にいた。
友人が笑っている。
凄かったと嬉しそうだが、どうなったのか覚えていない。
それよりも自分は跳ねられたのではなかったか。

聞いても彼はキョトンとした顔で首を振る。

いつものようにイタズラは成功だったというのだ。それに今の今まで二人で話して笑っていたではないかと不思議がる。

そんなはずはない。

ふと思い出し、山之井君は自分の右腕や右足などを擦ってみる。

痛みどころか怪我ひとつない。

「おまえ、途中からすんごく大きな声で歌を歌いながらここまで来たぞ」

それは友人が知らない歌で、どことなく古い物みたいだったと言った。

歌った？　それも覚えていない。

一体どういうことか分からないままだった。

ところが翌日、学校に飛び出しの悪事がバレた。

校長直々に親と共に呼び出され、大問題となった。

父親から散々殴られたが、そのときも（どうしてバレたのだろう）としか思えなかった。

これがきっかけでイタズラをしていた友人とは疎遠になった。

親同士の話し合いが原因だった。

が、中学に上がった頃だ。
山之井君は身体に違和感を覚え始めた。
何かと転びやすく、また、歩くと疲れやすい。
また右手、右足を捻挫しやすくなっていた。
靴は右足側のみソールが早くすり減る。それも片減りをしていた。
「そういうのは、身体のバランスが悪いせいだ」
誰かに教えて貰った。
自分で調べてみれば、右側手足が左より少し短いように感じる。
そして、右の腕や足の骨をなぞると、何ヶ所かで変形しているような感触があった。
親に泣きつき病院で検査して貰う。
医者から骨折したことはあるかと聞かれた。
これまでそんなことはなかったので、否定する。
医者は首を捻る。
右手足の骨に骨折痕があり、それも歪んで治癒しているらしい。
曰く〈骨折の処置がまずいまま治るとこんなことになるケースもある〉らしかった。
ふとあの〈車に飛び出して衝撃を受けた〉ことを思い出す。

だが、友人の証言が本当なら骨折の事実はない。

それに自分でも当時身体を調べたが、怪我ひとつなかったのは覚えている。

何も納得できない検査結果だった。


それから時間が過ぎ、山之井君は大人になった。

三十路の声が聞こえ始めたが、今も右の手足が少し短い。

そのせいか身体全体の骨格が歪み、身体操作がぎこちない状態だ。

そして肩こり腰痛も酷い。

骨のせいか内臓も正しい位置にないのだろう。内臓に負担が掛かり機能が低下している。

整骨院に通っても気休め程度でしかなかった。

彼は原因について、子供の頃を思い返す。

どう考えても〈車に飛び出して衝撃を受けた〉ことが発端ではないか。

そして他に繰り返してきた悪事の報いが来ているのではないか、と。

確証はない。ただの妄想だ。

しかし、やはり考えてしまう。

あのとき、あんなことをしなければ、今こんなに苦しまずに済んだのかもしれない。

後悔先に立たず。
今の山之井君は毎日善行を積む努力をしている。
わずかなことでもよい。
もちろん、それで赦してくれという気持ちはない。
これは彼の懺悔《ざんげ》の表れでしかないのだから。

◆

現在、山の持ち主が高齢化し、手入れをする人が減った。
そのせいもあって、山が荒れている。
望月氏はそんな荒れた山へひとり入ったことがある。
まだ二十歳にならない頃だ。
山には持ち主がおり、勝手に侵入してはならないことを知らなかった。
そのとき山へ行ったのは、確か虫を捕りたかったからと記憶している。

クワガタなどを求めていたから、六月か七月初旬だった。
めぼしい山を見つけ、バイクを止めた。
下からさほど高くない場所にクヌギが密集している場所があった。
斜面を登りながら背の高い草を倒し、藪を漕ぎながら道を作る。
やっとのことで目的の場所へ辿り着いた。
ぷんと樹液独特の臭いが立ちこめている。
見れば一番太い幹に様々な虫が群がっていた。
ああ、これは凄いぞと手を伸ばしたとき、クヌギの後ろに何かが見えた。
縄を巻かれた立派な大木だ。
種類は分からないが、少なくとも杉や檜ではない。
気になったので、そちらへ足を向けてみた。
大木に巻かれているのはしめ縄だろうか。
縄自体は太いがとても古びている。御幣らしきものは跡形もない。
木の根はうねるように四方へ伸び、そのところどころにコブがある。
その根と根の間の一ヶ所に、茶色い一升瓶が二本供えられていた。
一本は開けられ空になっていたが、もう一本は未開封だ。

栓の金属は錆び、ラベルは完全になくなっている。
多分、日本酒か焼酎だろう。
見ればガラスのコップが二つ、中身のある瓶の前にきちんと揃って置かれていた。
汚れひとつないそれは、まるで今から呑むため用意していましたと言わんばかりだ。
手に取ろうとしたとき、急に寒気が来た。
何か、そこに漂う気配に怖気を感じた、とでもいうのか。
謝った。声に出して謝罪した。
目には見えないがそこにいる〈何か〉に対してだった。
虫のことも忘れ、できるだけ最短距離で山を下った。
来た道は覚えている。登るとき、自分で草を踏んで道を作った。
が、そのときには気付かなかった一升瓶の空瓶を何本も見つけた。
それも道の両脇に左右対称で等間隔に立てられている。
少し下っては二本、また少し進んでは二本と瓶があった。
まるで自分が登ってきた道の脇に沿って、供えるように立てられている。
こんな斜めの地面なのにどれひとつ倒れていない。
登るとき、絶対にこんなものはなかった。

汗が噴き出す。粘つく冷たい汗だった。
転がるように道路へ出る。自分のバイクを見て、やっと安心した。
激しい息を繰り返しながら振り返った。
山にクヌギの密集地はなくなっていた。

後から彼は考える。
まるで自分をそこへ誘うように〈何か〉がわざとクヌギを見せたのではないか。
何かの目的で招き入れたかったのではないか。
誰が何のために、までは想像できないが。
それ以来、彼は山にひとりで入らない。
いや、山そのものが苦手になった。

値

ある男性の友人に、志田という人物がいた。
同じ三十代の同性で、柔和な顔をしている。ただ、少しだけ細かい性格だった。
同世代ということもあるのか、相性は悪くなかった。

知り合って数年後、二〇一三年頃だったか。
夜、行きつけの喫茶店にいると志田がニヤケ顔でやって来た。
ここにいると思っていたらしい。
上機嫌な志田は注文してから、こちらに向き直る。
彼は自慢げにこんなことを言い出した。
やっと、何年もかけて気付いたことがある、と。
いったい何事か水を向ければ、こんなことを話し始めた。
彼曰く。

通夜とか葬式に出てからギャンブルをやると、儲かる。

通夜の翌日から三日。葬儀ならその日の晩から四日ほど〈ツキが来る〉らしい。

何故それに気がついたのか。

年齢が年齢だから弔《とむら》いの場に出席することが増える。

最初は自宅へ戻る前、なんとなく厄落としを兼ねパチンコ店などに寄って帰るのをパターンとして決めていた。

その度に少額だが必ず勝った。

ただの勘違いではない。

携帯のカレンダーにギャンブルへ行った日時、その収支を記録して調べた。

通常のギャンブルの統計を出すと、七割以上の負け。

ところが葬儀関連からの記録だと通夜から三日、或いは葬儀から四日は十割で勝利。

少ないときで千円程度、大きいときには三千円程度のプラスが出ている。

ここまで数字として明確に出ていれば、勘違いではないと言う。

志田の細かい性格を物語る話だと思った。

そうなのか、それはいいなと返事をすれば、彼は更に調子を上げていく。

「漁師が死体を見つけると大漁になる、そう聞いたことある」

だから、それと同じで通夜とか葬儀で死人の所へ行くとツクのではないかと、彼は持論を展開していく。

どう答えて良いか分からない。

そして、志田は少し声のトーンを上げて笑いながら、言った。

——しっかしなぁ、死人もあんな少額の勝ちしかくれんのよー。漁師の大漁は何百万、何千万もあるけど、俺ンときは違うやんか？　海と違って、オカで死んだもんの、命の価値って、あの程度しかないってことやんねぇ。

咄嗟《とっさ》に嫌悪感が湧いた。

顔に出ていたか分からないが、志田は気にせずまだ話している。

「早いとこ、また誰か死なんかのー？　死ねばいいのに」

少しやけど、絶対勝つけん……彼は豪快に笑った。

これ以降、志田とは距離を置くように意識した。

あちらから誘いはあるが、角が立たないように断った。

三ヶ月も経つと、連絡も減り、少し安心したことを覚えている。

それから間もなく、志田を知る友人から電話が入った。

『志田の奥さん、死んだの、知っとる？』

つい数週間前、自宅で亡くなったらしい。

知らなかったので通夜にも葬儀にも出られなかった。

連絡をくれた友人は、報せがなかったのだから出なくてもよかっただろうとフォローしてくれたが、それでも気が滅入る。

『その件はあれだけど、実は、志田の奥さんが死んだ後、分かったことがある』

志田の妻は多額の借金を隠していた。

もちろん貯蓄はすでに全て溶かされていた。

一般的なところから借りるだけ借りて、最終的にヤミ金にも手を出している。

すでにどうしようもないラインまで借入額は膨らんでいた。

借金の理由はギャンブル依存と、隠れたホスト狂いなどであったらしい。

志田が気付かなかったのは、妻に家計管理を全て任せていたこと。

そして彼自身が妻に興味を失っていたことにあるのではないか。

その友人はそう分析していた。それが正解かどうかは分からない。

「しかし自己破産など逃げる方法があるのでは？」

『無理じゃろう？　追い込みをかけるところによっては、どういう手でも使うき。知っちょる？　俺らが知らないような方法もあるらしいし。これからは志田も娘も地獄よ』

言葉を失ってしまう。

ああ、そうだった。志田には年頃の娘がいたはずだと思い出す。

と同時にふと彼が自慢していた葬儀とギャンブルの話が思い浮かんだ。

電話の向こうで友人がぽつりと漏らす。

そういえば志田の奥さんは自殺みたいだ、ハッキリ言わないけど、と。


後日、志田の家の前まで行ってみた。

線香の一本くらい上げるべきだと思ったからだ。

しかし、家は空き家になり、売り家となっている。

携帯へ電話を掛けるが、通じなくなっていた。


今も志田と娘の行方は分からない。

たまに彼のことを思い出す。娘さんが不幸になっていなければいいなとも思う。
が、同時にあのときの友人が口にした言葉が浮かぶことも否めない。
——これからは志田も娘も地獄行きよ——。

あげましょか

高校生の時、聡美さんは偏頭痛に悩まされていた。

一度ダウンすると長い時間起き上がることすらできなくなるほどだった。

気圧なのか、それとも他に原因があるのか、彼女本人にも全く分からなかった。


肌寒かった春の土曜日だったと思う。

その日は朝から偏頭痛に悩まされていた。

他の理由から来る体調不良も合わさり、かなり酷い状態である。寝返りすら面倒くさい。

何もできず、自室のベッドで気絶するように寝ていた。

どれ程時間が過ぎただろうか。

少しだけ回復し、やっと目が開けられるようになった。

時計を見るとすでに昼の十二時になっている。

食欲はなく、ただ喉が渇いていた。しかし立ち上がる気力が湧かない。

周囲の光が目に染みる。避けるように顔を枕へ埋めた。

と、ほぼ同時に誰かが肩を叩く。

母親だろうか。それとも別の家族か。勝手に部屋へ入ってきたことが不快だった。

無言のまま視線を向ける。

我が目を疑った。

母親でも、他の家族でもなかった。

(なんで……小宮山のお婆ちゃんが)

小宮山のお婆ちゃんとは、三軒隣に住んでいた人物だ。

上品な雰囲気を持った老婆で、とても優しい。

聡美さんのことをさとちゃんと呼び、小さな頃から可愛がってくれていた。

親しいと言えば親しいが、自室に勝手に上がり込まれるような仲ではない。

そもそも、いつ入ってきたのだ。視界をふさいだのはとても短い時間だったではないか。

いや、それ以前の問題があった。

小宮山のお婆ちゃんはすでに亡くなった人間だった。

それも昨日、葬儀が終わったばかりだ。

夢？　いや自分はちゃんと目を覚ましている。それは理解できている。

なら、目の前にいるこの人はなんだ。

呆然と見つめる中、小宮山のお婆ちゃんが微笑み、口を開いた。
〈さとちゃんの、頭痛いモトを、うちのジジイに、あげましょか〉
優しい声だった。
しかし、とても恐ろしく感じる。冷たい、ゾッとするような感覚を覚えた。
現実に起こっていることなのか。自分でもこの出来事を消化できない。
予想もしていなかったことに、ただただ見るほかなかった。
どれくらい見つめ合ったか。
ふ、と小宮山のお婆ちゃんの姿が消えた。
よく理解できないまま気がつけば、全身が汗みずくになっている。
急に寒気が来た。着替えるため、慌てて立ち上がる。
あれ？　と思った。体調が元に戻っている。
偏頭痛も治まり、頭がすっきりしていた。下腹も軽くなっている。
(小宮山のお婆ちゃんが助けてくれたのか)
咄嗟に思ったものの自信はない。とはいえひとつ気になる点がある。

〈うちのジジイに、あげましょか〉

お祖母ちゃんは確かにそう言った。

うちのジジイ。だとしたら小宮山のお婆ちゃんの旦那だろう。

この人物はまだ健康でボケもなければ、足腰もしっかりしている。

ただし性格は悪く、近所の人間から余り好かれていない。悪人が長生きするという典型だと言われていた人間だ。

まさかな……と思ったものの、何か厭な感覚が湧いてくる。

(本当に自分の頭痛を、いや、そんなことがあるわけがない)

異様な出来事を〈なかったこと〉として処理した。

そうでもしないと平静を装えなかったのだ。

もちろん、誰にも話さなかった。なかったことなのだから。


——が、それから三日も明けずに小宮山家のお爺さんが死んでしまった。

風呂場で倒れたらしく、死因は脳血管障害だったと聞いた。

これで小宮山家はお婆ちゃんに続きお祖父ちゃんまで亡くしたことになる。

葬儀の様子を見ながら、聡美さんはあのことを思い出した。

〈さとちゃんの、頭痛いモトを、うちのジジイに、あげましょか〉

頭痛いモト。お祖父ちゃんの死因は脳血管障害。どちらも頭に関係している。

まさか。いや、無関係だ。二つの考えがせめぎ合う。

確かにあの日から偏頭痛は一切起こっていない。

しかし、それがあの日の出来事と本当に関係あるのか。

とてもではないが誰にも打ち明けられない。家族に話したとしても、何かの間違いでご遺族の耳に入るのが怖かった。

だから、それからも彼女はじっと黙ったままであった。

以来、聡美さんが偏頭痛で苦しむことはなくなった。

まるで原因が取り除かれたようだと感じるほどだった。

ときおり彼女はあの小宮山のお婆ちゃんの言葉を思い出す。

〈頭痛いモトを、うちのジジイに、あげましょか〉

何故お婆ちゃんは旦那である人物にそんなことをしたのだろうか。

理由はいつまでも分からなかった。

が。それから七年。

聡美さんが結婚する前だった。

彼女は母親に全てを打ち明けた。何がきっかけで、どういう心境の変化があったのか覚えていない。何か小さなことからだった、と思う。

母親は静かに聞き終え、何事か思うところがある顔になった。

その表情を見ているうち、すっと言葉が出た。

「――ねぇ、お母さん。どうして小宮山のお祖母ちゃんはあんなことを言ったのかな？」

母親は驚きもせずに答えた。

「ああ、当然だと思うよ」

実は以前からこんなことをいろいろな人に聞いていたと、教えてくれた。


小宮山のお婆ちゃんが小宮山家に嫁いだのは〈やむにやまれぬ事情〉からだった。

本来、お祖母ちゃんは別の人の元へ嫁ぐ予定があった。

ところが当時お祖母ちゃんに執着していた小宮山の息子　お祖母ちゃん言うところのジジイ――が動いた。

お祖母ちゃん自身と、その許婚《いいなずけ》に何かよくないことを行い、その話を潰したのだ。

更にあることないことを噂に流し、お祖母ちゃんを追い込んだ。

結果、お祖母ちゃんが嫁げる先は小宮山家しかなくなってしまった。

実はこの小宮山家は戦後〈非合法なこと〉で成り上がった家系である。

更に〈荒事が得意なとある団体〉を親戚に持っており、更に質《たち》が悪かった。

当然、嫁いだお祖母ちゃんはさんざんな苦汁を舐めさせられる。

何年も、何十年も、延々と苦しめられたのだ。

地獄だった、と死ぬ少し前に小宮山のお祖母ちゃんは周囲に漏らすようになっていた。

〈死んだら小宮山の家に、目に物見せてあげましょか。祟ってあげましょか〉

そんな風に微笑むこともあったようだ。

死期を悟っての発言だったのかどうかは知らない。


「だから、あそこのお祖父ちゃんを、小宮山家を恨んでいたのも当然よ」

母親は断言する。

聡美さんが体験したことも、小宮山お祖母ちゃんが言ったことも不思議ではないし、当たり前じゃないかなと続けた挙げ句、自分で頷いていた。

「でも、どうしてあのとき、私のとこに来たの？　他人なのに」

「さあ？」

そこだけは母親にも確かな答えが分からないようだった。

お祖母ちゃんのお骨は、小宮山の墓に入れられたという。

だが、聞くところによれば、お婆ちゃんのお骨を入れてから何度か墓石が壊れたらしい。

誰かが壊したのか、それとも自然に壊れたのかは不明である。

補修を数回した後、途中から放置された。

金銭的な余裕が全くなくなったからだと、もっぱらの噂である。

確かに現在の小宮山の家は傾きかけている。

外部の人間にすら目に見えて分かるほどだ。そればかりか夜逃げ寸前とも聞く。

助けてくれる親族はすでにいなくなっていた。

いつからだろうと考えてみれば、小宮山のお婆ちゃんが亡くなってから徐々にだろうか。

七年以上かけて、小宮山家は崩壊への一途を辿っている。

周辺の人たちは〈さもありなん〉だと囁きあった。

お婆ちゃんのお骨は、今も小宮山の墓にあるのだろうか。

共振

上妻家に嫁いでから彼女はある問題に悩まされた。

同居している姑との、いわゆる嫁姑問題である。

ありがちな話だ。

この問題が始まったのは結婚後すぐだった。

まだ二十代中頃の彼女にとってどう対応していいか分からなかった。

夫ですらかばってくれないばかりか、自分の母親の肩ばかり持つ。

「お袋に悪気はない」「お袋の言うことに他意はない」など親のフォローだけだ。

舅はすでに故人であり、姑をたしなめる者はいなかった。

彼女はストレスからか不眠症に近い状態になった。

髪も抜け始め、やせ細っていく。食欲などの欲求もほぼなくなった。

ただ、ここまで追い込まれた状態なのに、正気を保っているのが我ながら不思議だった。

多分、夜中眠れないときに心の中で妄想を繰り返し、多少なりとも溜飲を下げていたかもしれない。

それは、夫と姑を殺す妄想だった。
〈私を大事にせず、のんきに眠って。死ね〉
包丁で刺し殺す。
〈あのクソ婆、社会的にも肉体的にも抹殺したい。あーあ、死ね〉
外面の良い姑の本性を外部に暴き、最後、ビルから突き落とす。
この妄想に必ず入るのは〈死ね〉という言葉だ。
これが唯一のストレス発散方法であった。

ところが結婚後一年も経たない頃だろうか。
夜中、暗闇の寝床でいつものごとく眠れずにいた。
ふと夫の呼吸が止まることに気がつく。
驚いて起き上がると、ふいに喉の奥から呻き声のような異音が発せられるのだ。
耳障りなことこの上ない。
それが今度は脈絡なく止む。そしてまた始まる。
無呼吸症候群だった。が、これまで夫はイビキすらかいたことがない。
突然の発症だった。

無呼吸症候群は一度身体を動かすか、起こせば止む。

最初こそ丁寧に声を掛けていたが、それも止めた。

こちらの気遣いに対し、夫が悪態を吐いたからだ。

「……ぁあ？　うるせぇ……」

彼女に背を向けて眠り直す姿を見た瞬間、全てが厭になった。

もうコイツダメだ。死んでもいい。死んだら私は、この家から出て行く。

それだけだと決めた。

だが、あるとき気がついた。

夫が唸り出すと、わずかに時間をおいて他の部屋からも似たような声が聞こえるのだ。

声質と方向からして、姑のもののようだった。

最初はずれていたお互いの呻き声が、次第にシンクロしていく。

唸り。無呼吸。唸り。無呼吸。タイミングが一分の隙もなく一致している。

高低差があるせいかハモりになっているかのようだ。

彼女の頭に浮かんだのは「共鳴、共振」という言葉だった。

どういう理屈か分からない。普通に考えれば、かなりおかしなことが起こっていると思うだろうが、そのときの彼女にとってそれはどうでもよかった。

どうせ何をしても眠れないのだ。こいつらの不健康な無呼吸が長く続けばいい。〈そして命が削られればいい。とっとと死ね〉
そればかり頭に浮かび、放置してしまった。

夫と姑の無呼吸症候群に気付いて四ヶ月ほどが過ぎた。

この頃、唸りを聞いているとなぜかよく眠れるようになっていた。

と言っても、午前三時過ぎくらいになってやっとであったが。

その日も彼女は唸りに誘われ、眠りへ落ちた。

が――激痛に一瞬で目が覚めた。

腕の、肘の上辺りに痛みがある。ここの肉を強くつまれたような感じだ。

起き上がろうとしたとき、自分を見下ろす人影を見た。

左右から挟むように二人。少し背が高いのと低いのがいる。

気付けば消したはずの豆電球が点灯している。おかげで誰なのか分かった。

夫と姑だった。

彼らは両手をだらりと垂らして直立している。そのままじっと自分の顔を覗き込むように見つめていた。

上から聞き覚えのある、唸りが聞こえた。
彼らは起きていないのか。
しかし目は開いている。こちらを見下ろしている。
どうしてこんなことをしているのか、夫と姑は。
急に不快感が襲ってきた。
夫婦の寝室に、平然と入り込んでいる姑の存在が赦せなかった。
今日こそ面と向かって怒鳴りつけてやろうと気力が湧いてくる。
起き上がろうとした瞬間、彼らの唸りが変化していることに気がついた。
〈……しね、しね、しね、しね……〉
〈しね……しね、しね……しね……〉
二つの口から同じ言葉が漏れ出している。
タイミングにずれがあった。
ぞっとした。さっきまでの勢いが削がれてしまう。
どれくらい経ったか。数秒か、数分か分からない。
だが、突然彼らの言葉がシンクロした。
――死ね。

——死ね、死ね。
——死ね、死ね、死ね。
——死ね、死ね、死ね、死ね、死ね。
共振したように、夫と姑が死ねとハモる。
急に全身から熱が奪われたようになる。
寒気か悪寒か分からないが、震えが止まらなくなった。
黙ったまま身を固くしていると台詞が変わった。
〈はやくしね〉
これを何度も繰り返した挙げ句、突然ぴたりと声は止んだ。
夫はその場に座り、そして自分の布団にゆっくり入り、眠る。
姑はそれを見届けてから、すーっと寝室を出て、ドアを閉めた。
足音が姑の寝室に向かっていく。ドアの開閉音がした。部屋に入ったようだった。
寒いのに、全身が汗みずくになっている。
起き上がり、夫を起こさないように寝室の隅へ行く。
毛布を身体に巻き、震えながら朝まで過ごした。
部屋から出て行かなかったのは、夫から目を離すのが怖かったからだ。

じっと耐える中、さっきあったことを反芻《はんすう》してしまう。

ふと彼らが口にしていた〈死ね〉〈早く死ね〉という言葉を自分も使っていたことを思い出した。

自分に向けられたとき、それらが非常に攻撃的で忌むべき言葉だと思い知った。

妄想の中とはいえ、なんという事を言っていたのか。

彼女は大きな後悔を覚えた。


翌朝、夫に夜中のことをそれとなく聞くと、不機嫌な返事が返ってきた。

「はあ？　知らねぇ。寝ぼけてたか？　お前はいつもいぎたなく寝ているからな」

何も覚えていないようだった。

これがきっかけで我慢の限界を越えた。

夫と姑に対し、毅然とした態度を取れるようになった。

姑は依然として変わらない様子であったが、夫との仲は一気に冷め切った。

これはどうしようもないことだったと思う。

それから紆余曲折してやっとのことで離婚ができた。

子供がいなかったことで親権などを争わずに済んだのが不幸中の幸いだった。

現在、彼女は元の苗字である〈園田〉になっている。

彼女はあの夜のことを思い出すと今も震えが来るという。

あのうなり声で眠るようになった時期、実は少しおかしな事があった。

身体の至る所に身に覚えのない痣が度々できていたことだ。

殆どが赤紫の丸い形で、五百円玉程度の大きさである。

自分が眠っているとき、彼らに何かをされていたのではないか。

どうやって付けていたかも分からないし証拠もないが、それしか考えられなかった。

が、痣そのものにもおかしなことがあった。

例えば朝見たときは左足にあった痣が完全に消えており、夜になるとまったく痣のなかった右足に浮き出ている。

まるで移動したようだ。

一度は腕と足の甲にあった三つの痣が、全て下腹へ移っていたこともある。

いくら考えても原因は思い浮かばず、いつも不思議に感じていた。

夫は彼女の痣を見て、いつも〈気持ちが悪い〉〈病気みたいだな〉とせせら笑っていた。

考えてみれば、心ない口ぶりであった

◆

先日、園田さんは元夫と姑が何かトラブルを起こし、地元を追われたと耳にした。

姑が難病にかかり、夫がその治療費の支払いで四苦八苦している最中のことだった、らしい。伝聞だから詳しくは分からない。

同時期、園田さんにプロポーズをしてくれる男性が現れた。

彼は年下で優しく、また、姑はいない。

幸せな結婚になる予感はある。が、彼女は子供を望めなくなっていた。

離婚後、間もなくして病気が発覚し、結果そうなってしまった。

相手はそれでも良いと言ってくれたが、心苦しいことに変わりはない。

だから少し結婚を待って貰っている。

そんな中、最近、数週間に一度程度だが同じ夢を見るようになった。

どうしてなのか園田さんは別れた夫とその母親——姑と一緒にいる。

そして三人で〈しねしねしねしねしね〉と、共鳴、共振するように繰り返す。

途中で二人は消え、最後彼女ひとりになる。

それでも〈しねしねしねしね〉を続けている。
不毛な内容だった。起きるとどっと疲れている。
否。命を削られているような感覚すらあった。
そんな夢を見た何度目かの朝、隣で眠っていた彼が教えてくれた。
夜中、睡眠中に苦しそうにうなり声を上げて、そして呼吸が止まることがあるよ、と。
肩を揺らすと止まるらしいが、少しするとまた復活するらしい。
無呼吸症候群だった。
いつもではないが心配だと彼は顔を曇らせた。

今、彼女は〈しね〉の夢を見るのがとても怖い。

だら

ある住宅街に新しい道ができた。

家々の間を貫くように作られた歩行者専用道路である。

途中途中の通り沿いに小さなベンチが据え付けられており、散歩道としても使えた。

二本木さんはこの道をよく通る。

歩きやすいこともだが、彼女の自宅への近道であったからである。

桜が咲き始めた矢先であったが、急激に気温が下がった日がある。

夜になると強い風が吹いた。

二本木さんはスプリングコートの前をしっかり閉じ、あの道路を——家路を急いでいた。

自宅まであと数分というところで、ふとベンチに座る人の姿を見つけた。

街灯の下、若い女性らしいことが見て取れた。

服そのもののデザインが春めいたもので、今年の流行ものであったからだ。

明るい色のハーフコート、揃えた足は厚手のタイツをはいている。

両手をコートのポケットに突っ込み、猫背で俯いていた。

強風で嬲られる髪で顔が隠れている。長さは肩辺りで、明るめに染められているようだ。

ほぼ毎日この道を使うが、この女性に見覚えはなかった。

(こんな日に寒いところで何をしているのだろう。人待ちだろうか)

近づくにつれ、ひどく地味な印象をその女性に対し抱いてしまった。

歩道に並んだ街灯の光のせいでコートの色味が褪せているように感じるからだろうか。

いや、そういう部分ではなく、ただただ〈地味〉という単語が頭に浮かぶ。

それになんとなく目が離せない。

どうしてなのか分からないまま女性の前を通り過ぎた。

後ろ髪を引かれる、というのだろうか。思わず振り返ってしまう。

やはりそこに女性が座っているだけで、他に別段変わったことは何もなかった。

しかし、その日を境にこの女性を目にすることが何度かあった。

いつも同じような時刻に同じベンチに座っている。

暗い中、何時も俯いているので顔はよく見えなかった。

(この辺りに引っ越してきて、散歩コースか何かにしたのだろうか)

それか、やはり人待ちか。よく分からないままであった。

四月の後半だった。
二本木さんはいつものように会社から帰宅していた。
季節外れの蒸し暑い夜でなんとなく肌がべたつく。
あの道へ入ると、また件の女性が座っていた。
いつものように近くを通り過ぎるとき、女性が何かを呟いているのが耳に届いた。
初めてのことで、思わず聞き耳を立ててしまう。
「……だら、……だら、……だら、……だら」
語尾の〈だら〉のみハッキリ聞こえた。声質は若い女性のものだった。
他は聞き取れない。
ただ、だらのイントネーションには聞き覚えがある。
一時期母方の祖母が口にしていたからだ。
親族曰く、静岡方面の方言ではないか、とのことだった。
ただ、その祖母は普段こんな言葉遣いをしていなかった。
だらと言い出したのは、祖母が亡くなる直前、丁度半年前ほどのことである。
確かに祖母は静岡辺りの出身だった。祖父と結婚してからは新しく住んだ土地の方言へ変わった。だから、いつもは全く違うイントネーションであった。
（だら、か、お祖母ちゃん、どうして亡くなる前に地元の方言へ戻ったんだろう？）
こちらの心情を知ってか知らずか、女性はだらだらとつぶやき続けた。
声を掛ける理由もないので、その場から立ち去った。
自宅へ戻り、着替えてからぼんやりあの女性のことと祖母のことを考えてしまう。
（あの人も静岡出身なのかな）
突然携帯の着信音が大きく鳴った。
マナーモードにしていたはずなのに、知らないうちに解除されている。
操作ミスをしていたのか、そんなことを思いながら番号を確認した。
実家の母親からだった。
「もしもし？」
無言。無音。ノイズすらない。
何度か問いかけても答えがない。母親が間違って掛けたのだろうか。
切ろうかと耳から離す寸前であった。
『……ごめんよぉ、みぃーちゃん』
特徴ある祖母の声だった。

訛りは静岡ではない。普段使っていたイントネーションだ。
みぃーちゃんは二本木さんを呼ぶときに使う愛称だった。
返事もできず固まってしまう。電話の向こうから祖母の声が続く。
『ごめんよぉ、みぃーちゃん』
繰り返される謝罪に、どうして良いのか分からない。
やっとのことで絞り出せた言葉は「お祖母ちゃん、謝らないで」だった。
一瞬の無言。
そして、再び声が始まった。
『みぃーちゃん、ごめんよぉ。みぃーちゃん……』
止めてよ、謝らないでよ、そう言いかけたときだった。

――つぎ、みぃーちゃんだから。

これで電話は切れた。
意味が掴めない。次？　何のことだ。
いや、それ以前になぜ母親の番号で、死んだ祖母から電話が来るだろうか？

スマートフォンの着信履歴を開いた。
電話が掛かってきた履歴はある。が、それは自分の番号であった。
どうしてそんなことになっているのか。自分で掛けたのか？　いや、心当たりはない。
とても厭な感覚があったので、慌てて履歴を消す。
消した途端にスマートフォンの画面が消えた。再起動がかかる。
画面が表示された。
そして、我が目を疑った。
ロック画面の壁紙が、亡くなる少し前の祖母の写真になっていた。
確かに撮影した覚えはあるが、こんな設定にしていない。イラストの壁紙にしていた。
慌てふためきながらロックを解除する。
思わず声を上げた。
今度はホーム画面も祖母の別の写真に変わっている。
これもまた亡くなる少し前のものであった。
気持ちが悪い。急いで再設定する。
が、何度も途中で再起動がかかり、とても手間取った。

この出来事は一度だけだった。
それからというもの、亡くなった祖母からの電話はない。
スマートフォンがおかしくなることもない。
そして、この一件以来、あの地味な女性の姿を見ることも二度となかった。
だらと静岡方面の方言を口にする女性。
だらと静岡方面の方言を死ぬ前に口にしていた祖母。
関連づけるのもどうかと思うが、このことを含めて実家の母親へ電話したことがある。
『ごめん、実は』
祖母が他界する瞬間、彼女は断末魔のようにこんな言葉を叫んだという。
〈わたしはしぬから、つぎは、みぃーちゃんとこへ、いって！〉
静岡訛りはなかった。
あからさまな嫌悪の響きと切実な願いを感じさせる叫びだった、らしい。
加えてその表情はそれまで見たこともない、鬼女じみたものであった。
『でもどうしてそんなことを口走ったのか。私たちにも分からない』

内容が内容だったので、黙っていたのだと母親が謝る。

そうだった。祖母の死に際に自分ひとり間に合わなかった。

看取ったのは両親と伯父叔母だった。

直後、自分が駆けつけたとき皆が微妙な視線を向けたのはこのせいだったのか。

納得がいくと同時に、急に寒気に襲われてしまった。


死ぬ前に〈だら〉と言い出した祖母。

〈だら〉と呟く女性。それらの関係は何だったのか。

それに〈わたしはしぬから、つぎは、みぃーちゃんのとこへ、いって!〉の意味は何なのか。〈つぎは、みぃーちゃんだから〉とは何のことなのか。

不明なことが多すぎる。

とりあえず、二本木さんと父母は神社でお祓いを受けた。

加えて、祖母の一周忌供養をかなり盛大に行った。

今のところ、二本木さんの所に、何も来ていない。

来るとしても、何が来るのか分からないが。

立ち上る

ある夏の日、坂上さんの鼻が異臭を捉えた。

腐れ臭いのだ。

夏に放置した生ゴミに、炎天下の堤防に棄てられ腐った魚を足した感じか。

出所を探るが、結局どこでもない。

悩む内、彼女のひと言で原因が分かった。

「しんちゃん、なんか臭いよ？　ずっと言わなかったけど」

曰く、生ゴミに傷んだ魚をプラスしたような臭い、らしい。

服でもなくアパートの部屋でもなく、坂上さんの口や鼻、耳辺りから悪臭がするようだ。

(俺の身体からか)

口臭や体臭には気をつけている。

もちろん歯磨きや風呂に加え、デオドラント系スプレーを振っていた。

それなのに自分でも分かるほどの臭気をまき散らしているのか、とショックを受けた。

坂上さんは二十代前半。加齢臭ではないはずだ。

これはいけないとありとあらゆる方法を使って悪臭を断とうと頑張ったが、どれも意味がなかった。

次第に彼女は部屋にも寄りつかなくなり、自然消滅寸前となってしまった。

最後に会ったとき、彼女がこんな言葉を漏らしていた。

「なんだか、(しんちゃんの)目の辺りとか頭のてっぺんとか、凄く臭い」

指先で自分の目じりを擦ってから、嗅いでみた。

吐き気を催すあの臭いがした。

こうなると気になって仕方がない。社内でも人が指を差しているように感じる。

「あのさ、坂上。お前、ちゃんと身だしなみに気を遣えよ?」

先輩からやんわりとした言葉で指摘すらされてしまった。

地元から遠方の大手に就職してまだ半年と少し。

悪臭による悪評が社内で広まっている事実はかなり堪えた。

ただ、どうしようもなかった。

自分でも臭い。

臭いはすぐに慣れると言うが、毎日酷く気になった。

だが、それは内臓からでも、ワキガでもない。

皮膚科などにもかかったが原因が分からないのだ。

打つ手がなかった。

(俺の身体は人知れず、腐り始めたのだろうか)

馬鹿な想像であったが、そうだとしか考えられない自分もいたのは確かだ。


季節が晩秋を迎える頃だったろうか。

夜中、アパートで寝ていると肩を揺り動かされた。

起きるとベッド脇に父方の祖母がいる。

なぜ、こんなじかんに、ばあちゃんがいるのだろうか……回らない頭で現状を理解しようとしているうち、祖母の姿が消えた。

思わず飛び起きた。

(……夢か)

時計を見れば午前二時過ぎ。

祖母は関西にいるはずで、こんな場所、こんな時間に来られるはずがないだろう。

中途半端に起きたことでぐったりしていると、枕元のスマートフォンが光った。

さっき夢に出て来た祖母が逝去したことを知らせる、母親からの電話だった。

朝方、関西の病院へ着いた。
祖母はもう安置所へ移動している。そこへ入ると鼻を衝く臭いが充満していた。
線香などの香りすら物ともしない悪臭である。
ただ覚えがあった。
(あ、俺の臭いだ)
生ゴミと腐った魚の臭いを混ぜた、あれだ。
思い起こせば、夜中から自分の臭いが気にならなくなっている。
耳裏に触れた指を鼻先につけた。臭わない。
祖母のベッドに近づくにつれ、悪臭が酷くなってきた。
疲れ切った顔の母親が呟くような声で坂上さんに伝える。
「お祖母ちゃんの顔、見たって」
就職で地元を離れてから、一度も実家には帰っていなかった。
それに、入院をしたと言っても祖母がこんなに早く死ぬとは考えてもみなかった。
関西の家族は祖母の様子を「ただの体調不良だから」と言っていたではないか。
ぐるぐる回る思考の中、祖母の顔辺りを見下ろした。

布を取る。
目が痛くなるほどの臭気が立ち上ってきて、ぽろりと口から言葉が零れた。
臭い、と。
その場にいた全員がこちらを責めるような目で睨み付けた。
分かっている。しかし言うな、という空気だった。

祖母の葬儀が終わった後、母親がこんなことを言うのを聞いた。
「お祖母ちゃん、途中から確かに臭なりだしたわ」
夏が来る前、入院したときは誰しもすぐに退院できると思っていた。
ところがいつまでも良くならない。
祖母も気が弱くなったのか、弱音を吐き出した。
〈しんちゃんに会いたいわぁ。あの子、あてのこと嫌いなんやろか〉
来てくれない、来てくれないと泣くことが増えた。
しかし息子は社会人一年生だから、すぐに呼び戻すのはよくないだろうと誤魔化した。
この頃から祖母の身体が臭うようになった。
生ゴミと腐れ魚の臭いだ。

悪臭が酷くなるにつれ、祖母はこんなことを言い出した。
〈しんちゃんが来ぃへんのやったら、あてが行く〉
〈しんちゃんが来ぃへんのやったら、あてが連れて行く〉
何を言っているのかと訊いても、答えはなかった。
そして、死ぬはずがないと思っていた矢先に、突然死んだ。
死因は合併症による心停止。
付き添っていた母親は最後の言葉を耳にしている。

——もうちびっとやったのに。

声が途切れると同時に息を引き取ったという。
死の間際、こんなにはっきり物が言えるものだろうか。
意味は分からないまでも、母親は驚いた。
「でも、ほんま、お祖母ちゃんは死ぬ少し前までしんちゃんしんちゃんうるさかった」
あんたにとっても執着しとったから、そう吐き捨てるような口調で母親が言う。
坂上家に入って二十数年。

母親と姑との仲は、お世辞にも良いとは言えなかった。

祖母が亡くなった日から、坂上さんの身体から悪臭は去った。

周りが驚くほどだと表現すれば伝わるだろうか。

祖母が悪臭の原因だったのかはよく分からない。

強いて言えば、最悪の体臭が消えてから、彼の身体に異変が起こった。

内臓系の疾患が見つかったのだ。

明日すぐ死ぬような病気ではないが、一生付き合わなくてはならない類の物だ。

だから、今、坂上さんは誰とも付き合っていない。

こんな身体で結婚し、家庭を持つなんて考えてはいけない、そう彼は決めている。

妻や子供を残して先立つ可能性が高いからだ。

最悪、自分の両親くらいは見取れるはずだから、それだけにしよう。

そして、最後はひとりで死のう、と。

まだ年若い彼が笑う。

〈ある意味、早めの終活を始めているようなものです〉

寅さん

ある、古い公営墓地がある。

斜面を利用して造成されており、墓数は多い。

彼岸や盆前後以外も毎日ぽつりぽつりと墓参りの人々の姿が見えた。

だが、若い人たちにとってそこは肝試しスポットになっている。

何故かと言えば、墓地前の通りが心霊スポットに繋がっているからだ。

そのスポットとは一家惨殺事件の舞台になった一戸建てだった。

〈惨殺された家族が葬られているのがこの公営墓地であり、この墓にもそいつらが出る〉

だから肝試しはある決まったルートを通る習わしになっていた。

某宗派の寺前から始め、ある理由で分祀されたと言う小さな神社を通り、次に問題のスポットを巡り、最後に公営墓地の中を歩き回る、というものである。

これが〈心霊的にヤバい〉方法だという。

何事か起こったなら、逆の順序で周り、最後にお寺の土なり草なり、木の皮なりを取って身につければよい。これで祟りは免れると言われていた。

逆回りは呪術的な方法だが、なんとなく悪ふざけじみてもいる。
調べてみたが、実は〈一家惨殺の家〉そのものがただの噂だった。
そもそもここでそんな事件があった事実はない。
そうなるとスポットの根幹そのものが成り立たなくなる。

だが、こんな話もある。
ルートに沿って肝試しをしていた人たちがいた。
最後、公営墓地を訪れた人たちがおかしな場面を目撃した。
詳細は以下の通りである。
〈墓地に辿り着いたのは深夜午前三時を大きく回ったくらいだった。
見れば斜面中頃の墓石が並ぶ中に何人かの人影が立っている。
街灯にぼんやり照らされる様は〈出た〉と思わざるをえないシチュエーションだ。
だが、仲間がいたせいか気が大きくなっていた。
近寄って確かめようとなった。
気配を消して近づいてみて、相手が生きている人間であることが分かる。
初老の男と女、若い男の三人であった。見ようによっては家族のように感じる。

手にバケツと花、それに何かお供えらしい荷物を持っていた。

こんな時間に墓参りなのだろうか。

疑問に思っていると、三人はこちらに気がついた。

連中は大声を上げながら別の通路を使い、公営墓地から飛び出していく。

裏手にある駐車場辺りから猛スピードで出て行くワンボックスカーがあった。

彼らがいた場所は何の変哲もない御影石の墓が並んでいるだけだった〉

――この話は森君が知り合いから聞いたものである。

彼は興奮した。

二十代後半。まだこういうことが楽しい年齢だった。

「なんなん、それ？　ユーレーじゃなくても、絶対なんかあるじゃろ」

何度かひとりでその公営墓地を訪れた。

時間も情報に合わせて午前四時前にした。

裏手にある駐車場は当然チェーンが張られている。

が、近くに路上駐車できるスペースがいくつかあった。

聞いた話ではここの辺りから車が出て行ったとなっている。件の相手が来る確率は高い。

彼は車をそこに止め、明るくなるまで張り込んだ。

最初の数回は外したが、あるときついに怪しい車が来たのに居合わせた。

自分と同じく路駐したセダンから、四人降りてくる。

こそこそした様子だが、バケツや花などを持っていた。

ああ、これは墓参りをするな、そうピンとくる。

時計は午前四時を少し過ぎたところだった。

デジカメを準備していたが、録画モードや撮影モードだとランプが点く。これが暗い場所だと意外と目立った。

尾行中の撮影は止めることにした。バレたら元も子もないからだ。

時間を五分ほど空けて、車から降りた。ドアはできるだけ静かに閉めた。

墓地入り口辺りに身を潜め、視線を向ける。

斜面を登っていく人影たちがあった。

聞いたとおり中頃にある場所を目指しているようだった。

気付かれないように近づいてみたが、墓参りの客はどこかおどおどしている。

周囲に――特に下から登ってくる方向に――注意を払っているのが見て分かった。

別のルートから一番上まで登り、そこから再び下り、更に相手に近づく。

これが意外と功を奏したのか、参っている墓の裏まで近づけた。
そこで森君は目を丸くしてしまった。
四人の中に知り合いがいたからだ。
高校の部活の後輩、新山君だ。
よく見れば周りの人たちの顔も微かに記憶にある。新山君の父親、母親、弟である。
(アイツ、こっちにおらんはずじゃろ)
大学と同じく就職は愛知だったはずだ。
時期的に長期休みを取るときでもない。どうしてここにいるのだろうか。
黙ったまま静かに動向を見守った。
墓石の隙間から見れば、新山君一家は普通に墓参りをしている。
ただし、途中からおかしな事を始めた。
新山君がズボンとパンツを脱ぎ、尻を出したのだ。
父親が木の棒で彼の尻を何度も叩いた。
鈍い音がしていた。かなり力を入れているようだ。途切れ途切れに呻いている。
それが終わると今度は弟。次に母親がスカートをめくり、尻を殴られた。
最後は父親が母親から同様の責めを受けた。

ケツ叩きが終わり身を整えると、今度は墓石をみなでなめ始める。
距離が近く、角度的に見つかりそうだった。
咄嗟に近くの茂みへ身を隠し、なんとかやり過ごした。
が、ここからだともう何も見えない。
人の気配が消えるまで息を殺す。体感的に長い時間が過ぎた。
車の発進音が聞こえる。時計は午前四時半を回っている。思ったより短い時間だった。
誰の墓か確認する。
荻家之墓、となっていた。
昭和の時代からあったようで、傍にある墓誌にたくさん名前が並んでいる。
一番新しく埋葬された人物の名は荻《はぎ》孝一郎であった。
(新山ん家じゃねぇんか)
折檻のようなアレも、舌で墓を舐めるのもいったいどういう目的なのか。
よく分からないまま終わってしまった。
一応墓の写真だけは撮った。おかしなものは何ひとつ写らなかった。
後日、森君は後輩の新山君へ電話を掛けた。

旧交を温めるような会話の後、本題を切り出す。

「なあ、お前、こっちに来ちゅったじゃろ？」

何月何日だと日付含めて訊ねるが、とぼけたような答えではぐらかされる。

カマをかけた。

「その日、お前たち家族が墓場で訳の分からないことをしちゅうの、写真に撮ったが」

新山君の声が止み、向こうから切られた。

掛け直すが出ない。メールで〈家族で何をしていたのか？〉のような問いかけをしても反応がない。

仕方なく、再びメールを送る。

お前が弁明しないと周りに訊くぞ、と半ば脅すような内容だった。

すぐに電話が掛かってきた。

本当に周りには訊かないでくれるかと念を押される。

約束すると、新山君はようやく口を割った。

彼が参っていた墓は、遠い親族のものだという。

では何故、あんなおかしなことをしたのか？

伝聞も多いけれど、と新山君がぽつりぽつり話してくれた。

あれは萩家の墓で、新山家とはかなりの遠縁である。
萩家は資産家で、豪邸を建て、そこに骨董や美術品、宝石など保管していた。
前年、そこの長が亡くなった。
名前を孝一郎という。
外見は有名なフーテンの寅さんにそっくりで、人情家の印象があった。
しかし実際はそうではない。真逆の人間性だと近しい親族間では有名な話だった。
とにかくケチで冷血な性格なのだ。
損をするのが厭だ。他人が損をして、自分が得するのが好ましい。
また、持っている資産は誰にも渡したくない。自分ひとりの物である。
こんなことを周囲に吹聴していたくらいだ。
加えて、人に恥を掻かせるのが好きでもあった。
逆に自分の面子《めんつ》を重んじ、恥を掻かされるのが大嫌いだった。
もっと言えば、人の不幸が大好きでもあった。
だから周囲の人は揶揄《やゆ》を込めて孝一郎を〈悪い寅さん〉と呼んだ。
だが、初老を迎えた頃、孝一郎は突然倒れた。

頭の血管が切れたとかそういう原因で、病院のベッドに寝たきりとなった。

ただ、口だけは元気だった。

「俺が死んだら、俺の財産を盗るんじゃろが！」

このような内容の暴言を見舞いに来た人間にぶつけてくる。

絶対にそんなことをさせない、盗ったヤツは殺してやる、家族でもだと息巻いた。

若干ろれつが回っていないが、ここまで口が達者ならまだまだ死ぬことはあるまいと油断していた最中、孝一郎は息を引き取ってしまった。

合併症か何かで体調を崩し、そのまま悪化したせいだった。

彼は死に際に、叫んだ。

「俺の金を盗ったら、呪い殺してやるが！」

普通なら声など出せないはずだ。執念だったのだろうか。

当然の話だが、遺産は彼の遺族が相続した。

妻、息子、娘ら三人である。

相続税もかなり掛かったはずだが、どうにかしたのだろう。

とはいえ孝一郎の家族にはある程度、恐れがあったようだ。

あの執念深い親父なら、呪うくらいやれるかもしれない、と。

そこで一計を案じた。

〈他の親族にいろいろ分けてしまえば、大丈夫になるのではないか？〉

多人数に分配し、孝一郎の呪いを薄めてやろう。それで累が及ばなくなるのではないか。

そんな予想だった。

だから新山家のような遠い親族にまで声が掛かったのだ。

大半の人間は〈ただで貰えるなら〉と宝石や骨董などを貰った。

新山君の家は翡翠《ひすい》のリングを渡されたという。


それから間もなくして、親族たちはおかしな夢を見始めた。

孝一郎の夢だ。

生前と変わらぬ寅さんの外見であったが、右手にすりこぎを振りかざしている。

そして激怒しながら追いかけて来て、叫んだ。

〈俺の金を、財産を盗《と》ったが！〉

すりこぎで折檻される。

頭や背中、尻を殴りながら、孝一郎は命令した。

〈俺の墓に来い〉

〈家族同士でケツを出して叩き合え〉

〈太いすりこぎを使え〉

〈俺の墓を舐めて清めろ〉

〈盗ったものを置いていけ〉

目が覚めたらこれらをメモに取れ。間違えずにやれ、という具体的な夢だった。物を分けられた親族全員が見たことで、これは何かあるとみな怯えた。

が、中には夢の中で孝一郎に切れた人間もいた。

うるさい。お前の家族がくれたのだ。文句を言うならあちらへ言え。そんな風のことを返して、孝一郎を殴り殺した、と聞いた。

——それから間もなく、その人物は死んだ。

トイレで下着を下ろしたとき〈脳の血管が切れ〉下半身を出したまま亡くなった。

それからも繰り返し孝一郎は夢で〈墓へ来い〉と脅してくる。

あまりに鮮明な夢であることと、遂に死んだ人間が出たことで恐れをなしたある家族が墓へ行った。言われたとおり全て行った。

流石に恥ずかしいので、夜中に、であった。

全て終えて物を返すと、また夢を見た。

夢の中で孝一郎は赦してやると宣言したようだ。

〈あと、おまえらんとこの一番弱いの、一週間くらい苦しめたら、手打ちにしちゃるが〉

その言葉通り、夢の直後から一番下の息子が高熱で生死の境を彷徨《さまよ》った。

それが終わってやっと、孝一郎から赦されたようだった。

この話を知った親族は三々五々に墓へ赴いては、謝罪をした。

もちろん最初の家族と同じく夜中である。

墓参りが済むと聞いていたとおり孝一郎が夢に出る。

そして家族がひとり高熱で死にかける。

それで終わりだった。

疑問があるとすれば、どういう訳か孝一郎の家族には何の類も及んでいないことだ。

彼らが一番遺産を使い豪遊しているはずだった。

それなのに、何も変わった様子はなかった。

新山君は実家にいなかったため、そんなことがあったことすら知らなかった。

確かに孝一郎の夢は見た。が、たんなる悪夢だと思っていた。

元々〈寅さん〉似の遠い親戚がいたことをなんとなく覚えているくらいだ。それなのにどうしてこんな夢を見るのか不思議だな、程度の認識だった。

ところが家族から何度も戻ってこいと連絡が来る。

あまりにしつこいので理由を訊けば〈そういう話〉だったのである。

墓参りの後、孝一郎の夢を新山一家は見、弟が高熱を出した。

新山君当人からすれば『萩家と縁遠くて、孝一郎と直接会ったのも数えるほどなのに、あの執念深さには参った』としか言えない出来事だった。

翡翠のリングは置いてきたと言うが、森君は見ていない。

なかったことを伝えればそんなことはないと新山君は断言した。

前に来たであろう親族が置いた掛け軸があったはずだとも訴える。

しかし何も見ていない。そんな目立つ物があれば誰にでも分かるだろう。

撮った墓の写真にも翡翠の指輪どころか掛け軸すら写っていなかった。

暇があれば墓を見てくると告げ、森君は電話を切った。


それから数日後の昼間、彼はあの墓を調べた。

改めて墓誌を確認し、孝一郎の名前が一番新しい部分にあるのを見た。

墓の上に掛け軸はないが、翡翠らしきリングと銀のリングがあった。

あれから他の人間が来たのだろうか。
写真と見比べたが、やはりあのときに翡翠のリングはなかった。
しかし放置された宝飾品を誰も盗まないのは何故だろうとも思う。
森君はリングを持ち上げてみようと思って止めた。
孝一郎の件がなんとなく怖かったからだ。
新山君に報告し、それから墓に足を運ぶ事はない——はずだった。

約二年後、森君の元に新山君から連絡が来た。
孝一郎の家族にいろいろあったという内容だった。
婿入りしていた息子はある事情で大怪我をし、跡取りを作ることが不可能になった。
それが原因で相手の家を追い出され、それで心を病んだ。
そして彼は自ら命を絶った。
周囲は注意をしていたらしいが、隙を突いての自殺であったという。
娘も嫁ぎ先で事故に遭い、そのせいで脳に障害が残った。
当然入院となり、その後院内で突然死という幕切れを迎えた。
残された母親は詐欺紛いに引っかかり、残された財産を全て投資してしまった。

全て盗られてどうしようもなくなり、縊死《いし》したようだ。

自死という話になっているが、そこも少々怪しいらしい。もしかしたら他殺の可能性もあるが、警察の判断だと自殺扱いだった。

伝聞が多く情報が錯綜《さくそう》しているが、彼らが死んだのは確実のようだと彼は言う。

あまりの内容に、森君は衝撃を受けた。

昼間、よく晴れた日を選び萩の墓へ足を運ぶ。

孝一郎の家族がここに埋葬されたのかどうか、調べたかった。

ただの野次馬根性と言えばそうなのだが、何故かとても気になったのだ。

だが、それは叶わなかった。

萩家之墓は墓石どころか何もなくなり、更地になっていた。

どういうことだろうか。移転でもしたのだろうか。

新山君に電話すると、絶句していた。

『親族の誰もそれは知りません。どうしたんだろう……』


これは森君、新山君の二人に確認を取って書くことを赦された話である。

当時のことを各種メモなどで振り返って貰い、できる限り再現した。

しかし、萩孝一郎の息子は長男なのに何故〈婿入り〉したのか。

娘も外へ嫁いだのだから、萩家を継ぐ者がいなくなったということになる。

他、墓地の件含めて聞かなくてはならないことがたくさんあった。

だが、現在の彼ら二人から〈何かを調べることはしたくない〉〈二度とあの墓へは行かない、関わらない〉と断言された。

この体験談は数回に分けて取材されたが、その最後辺りで彼らが夢を見たからだ。

寅さん――渥美清にそっくりな男が出てくる夢を。

新山君にとっては見覚えがある顔だ。

また森君に取っては見知らぬ人物であったが、それが誰かすぐに分かった。

孝一郎である、と。

夢の中、孝一郎は脅すような表情で何かを言った。

だが彼らにはそれがきちんと理解できない。

どんな内容の言葉であるか、聞こえないのだ。

まるで無音の映像を見ているようだった。

しかし〈寅さん〉の顔を見る限り、少なくとも恫喝《どうかつ》に近い内容であることは伝わった。

夢の後、彼らは微熱を出した。

熱は二週間以上続き、病院へ行っても治らなかった。

ようやくよくなったのは三週間目に入る寸前であった。

二人、これはもしやと考えたという。

そして、また、もしまた同じ夢を見て、孝一郎が何を言っているのか耳に届いたら——。

だからもう彼らはこの件から手を引いた。


萩家の墓、及び納められていたお骨がどうなったのか、今も不明である。

護り袋

小国さんはひとつの護り袋を持っていた。

くれたのは母方の祖母で、彼女が小学校四年生くらいのことだったと思う。

寒い冬、母親の里帰りに付いていったときに手渡された。

護り袋と言ったのもその母方の祖母であった。悪いモノから護ってくれるという。

外観は御守りのような小さい布製の袋だ。

着物に使うような和布で、緋色の鮮やかなものだった。

少し硬いものが入っている。大きさや厚さは一円玉くらいだろうか。

中を見るものではないと言いつけられていたので、貰ってから一度も開けたことはない。

また、御守りではないのだから、神社へ返さずずっと持っていて良いとも言われていた。

だから、母方の祖母が亡くなってからもずっと持ち歩いた。


その祖母の死より数年後だった。

小国さんが成人する少し前、こんなことがあった。

外出していると急に護り袋が気になった。

ポーチから出し、手に取ると中身が砕けているような感触が伝わる。

驚き、中を見るかどうしようか悩んだ。

(お母さんに聞いてみよう)

家にとって返すと、蜂の巣を突いたような騒ぎになっている。

同居していた父方の祖母が倒れたという話だった。

そして、担ぎ込まれた先の病院で亡くなった。虚血性心疾患であった。

驚きはあったものの、正直ほっとしたところがある。

父方の祖母は母親と自分を嫌っており、何かと酷い扱いをされていたからだ。

父親に相談して注意して貰うが、余り効き目がない。それればかりか告げ口をしたなとその後は余計に酷いことをしてきた。

が、これでもうなじられることも、厭がらせされることもないと安心したのだ。

同時に、人の死に際しそんなことを考えてしまう自分に厭気がさしたのも事実であった。

四十九日が過ぎ、ふと護り袋のことを思い出した。

母親に話すと、彼女は自分のバッグを持ってきた。

中から、小国さんとそっくりの護り袋を取り出すと、はっとした顔を浮かべた。

「わたしのも、中が砕けている」

母親も自分の母――祖母から同じ袋を貰っていた。

開けるかどうするか戸惑ったのち、二人で中身を確かめることに決めた。

口を開け、テーブルの上に出す。

「何？　これ？」

中は茶色い欠片であった。

ぱっと見、素焼きの陶器に似ている。

欠片を元に戻してみると、薄いコイン状で模様などはない。

これがいったい何を目的としたものか、よく分からなかった。

「お祖母ちゃんのくれた物だしね」

母親の意見で袋に戻し、そのまま元通り持ち歩くことにした。


しかし、三日ほどして夢を見た。

母方の祖母の夢だ。

〈護り袋は役目を終えたから、神社へ納めてや……〉

それだけ言って、消えた。

朝起きても鮮明に覚えている。朝食の席で母親に話すと、驚いた顔を浮かべた。

「わたしも見た」

内容も全く同じだった。

母親と寸分違わぬ夢を見ていたことに、父親は不思議だなと反応する。

「夢とは言え、お祖母ちゃんの言うとおりにした方が良いのではないか」

父親も護り袋のことは知っていた。

だが、元来の彼はあまり迷信めいたことを信じるタイプではない。

それなのにこのときはしきりに神社へ行くことを勧めてきた。理由を聞くが、明確な物があるわけではなく「ただそうすべきだと感じたから」だった。

日を決めて神社へ出向き、護り袋を納めた。

宮司氏に事情を説明したところ、快く引き受けて下さった。


神社へ納めたその日、また母方の祖母が夢枕に立った。

どうしてなのか、足下で土下座している人がいる。

母方の祖母がその襟首を掴み上げ、立たせた。

その顔を見て驚いた。

父方の祖母だった。

〈ごめんよ、ごめんよ、ごめんよ、ごめんよ〉

彼女は繰り返しながら手を擦り合わせている。

あんぐり口を開けていると、母方の祖母は背後に広がる暗がりに、父方の祖母を投げ込むように突き飛ばした。

そして、目が覚めた。

このときの夢は母親も父親も見ていた。

朝、起き抜けにこの話題が出たとき、父親がぽつりと呟いた。

「なんか、お袋、地獄に落ちた気がする」

この言葉にとてもゾッとしたことを覚えている。


以来、夢に祖母たちは出てこない。

父方の方も、母方の方も。

あとがき

本書「超」怖い話　ひとり、いかがだったでしょうか？
もしかすると私らしからぬ部分を感じられた方もいらっしゃるかもしれません。
〈普通の実話怪談としての「超」怖い話を「ひとり」で書く〉
このようなコンセプトの元に編まれたものだからです。
さっそく取りかかりましたが、我ながら書く速度が速くて驚きました。
文体や構成などに悩む必要がないので五日で一六〇ページくらい上がったのです。
更にいつものような異変や体調不良も全くありません。
余裕の成せる業か、（珍しく）原稿を読み返して驚きました。
この書き方だと体験談のポイントを逃している、そう感じたからです。
だから一六〇ページをさっさと棄てて、また一からやり直しました。
その際、少々複数のテーマを設定し、それに合わせて新たな体験談も加えました。
ただし当初に掲げた概念をある程度キープしておくことが前提です。
ところが、今度は原稿が進みません。三歩進んで二歩下がっているようです。

そして、書き直しと同時に周囲で変なことが起こり出しました。
ある話を書いていると、外を歩く〈中年か初老らしき人影〉が視界の端に。
またある話のときは、隣の部屋から若い女性同士の談笑が聞こえます。
入ると誰もいませんでしたけれども。
また旧原稿のときに停滞していたことが動き出したり、とか。他にも諸々ありました。
面白いものです。

さて、私もデビューから十年以上が過ぎました。
何の後ろ盾もない自分がここまで書き続けられたのは、たくさんの人々のおかげです。
担当氏、編集部、関係各位。
また、体験談を惜しみなく聞かせて下さった方々。
そして読者諸兄姉に支えられてここまで来ました。
本当に皆様、ありがとうございます。
更なる精進と新しい本でご恩返しをさせていただければ、と思います。

二〇一七年　四月吉日　遠目に桜を見ながら、旅支度しつつ

久田樹生

本書の実話怪談記事は、「超」怖い話 ひとりのために新たに取材されたものなどを中心に構成されています。快く取材に応じていただいた方々、体験談を提供していただいた方々に感謝の意を述べるとともに、本書の作成に関わられた関係者各位の無事をお祈り申し上げます。

「超」怖い話 ひとり

2017年5月5日　初版第1刷発行

著者　久田樹生
カバー　橋元浩明（sowhat.Inc）
発行人　後藤明信
発行所　株式会社　竹書房
〒102-0072　東京都千代田区飯田橋2-7-3
電話03-3264-1576（代表）
電話03-3234-6208（編集）
http://www.takeshobo.co.jp
印刷所　中央精版印刷株式会社

定価はカバーに表示しています。
落丁・乱丁本は当社までお問い合わせ下さい。

ISBN978-4-8019-1069-0 C0176